Dr. Hermann Rühle

Was bin ich? Wie bin ich? Wozu bin ich?

W0179540

Dr. Hermann Rühle

WAS bin ich?
WIE bin ich?
WOZU bin ich?

Wie ich erkenne,
wer ich wirklich bin

dielus

dielus edition

Bücher für ein besseres Leben

Was bin ich? Wie bin ich? Wozu bin ich? Dr. Herman Rühle
© 2018 dielus edition Leipzig, Impressum siehe: www.dielus.com

Dieses Buch wird von einem unabhängigen Buchverlag verlegt. Es wird versichert, dass keine Beteiligungen durch internationale Investorengruppen, Großverlage oder sonstige Konzerne bestehen. Der Inhalt dieses Ratgebers folgt ausschließlich freigeistigen und fachlich orientierten Gesichtspunkten.

Umschlagabbildungen und	
Bildnachweise Innenteil:	©iStock.com/cosmin4000
Lektorat:	Maren Klingelhöfer
	www.maren-klingelhoefer.de
ISBN:	978-3-9819383-4-0

Bibliografische Information der Deutschen Bibliothek: Die Deutsche Bibliothek verzeichnet diese Publikation in der Deutschen Nationalbibliografie; detaillierte bibliografische Daten sind im Internet abrufbar über https://portal.d-nb.de.

Inhaltsverzeichnis

Vorwort

Schreibe nicht über das, was du schon kennst.
Schreibe über das, was du kennenlernen möchtest.

(Die Literaturkritikerin Sigrid Löffler)

„Ich schreibe, um herauszufinden, was ich denke", verrät die amerikanische Schriftstellerin *Susan Sontag*. Das ist mir zu wenig. Ich schreibe, um herauszufinden, wer ich bin! Auf den ersten Blick ist mein egoistischer Selbsterforschungsschreibdrang nicht besonders leserfreundlich. Was juckt Sie, wer ich bin oder was Frau *Sontag* denkt. Jetzt könnte es aber sein, dass Sie wissen wollen, was Sie denken und wer Sie sind, aber keine Lust haben, ein Buch zu schreiben. Mein Vorschlag: Begleiten Sie mich bei der Erkenntnissuche und nutzen Sie Ihre Chance auf einen parasitären Lesegewinn.

Wie finden Sie mein Angebot? Ist es eine willkommene Einladung, der Sie gerne folgen, schließlich wissen Sie als abgeklärter Leser, dass man von einem Buch nicht mehr erwarten kann. Oder ist der versprochene Kollateralnutzen eine unverschämte Zumutung, fühlen Sie sich als mündiger Leser veralbert, beleidigt? Bevor Sie mir auf der ersten Seite die Freundschaft aufkündigen und das Buch zuklappen, möchte ich Sie auf eine wichtige Eigenheit Ihrer Identität als Leser hinweisen: Jeder Leser liest sein eigenes Buch, egal was und für wen der Autor geschrieben hat. „Es gibt nur eine Art des Lesens, nämlich via Beziehungswahn; alles ist ausschließlich für denjenigen geschrieben worden, der in dem Moment das Buch in der Hand hält", mit dieser

WAS bin ich? WIE bin ich? WOZU bin ich?

Einsicht zieht *Cees Nooteboom* eine nüchterne Bilanz seines erfolgreichen Schriftstellerlebens. Jedes Buch entsteht also im Kopf des Lesers. Mehr noch: In Ihrem Kopf entsteht ein besseres Buch, als ich geschrieben habe! Wie geht das? Der Universalgelehrte *Gottfried Wilhelm Leibnitz* hat zugegeben: „Mir fällt nichts Vernünftiges ein, aber wenn ich sehe, was anderen einfällt, fällt mir etwas Besseres ein." Ich weiß nicht, ob Sie sich schon mit Ihrer Identität auseinandergesetzt haben und ob Ihnen dazu etwas Vernünftiges eingefallen ist. Egal. Lesen Sie, was mir eingefallen ist. Das inspiriert Sie garantiert zu zusätzlichen wichtigen Erkenntnissen über sich selbst.

Vielleicht wollen Sie wissen, mit wem Sie es zu tun haben, welchem selbstsüchtigen Autor Sie sich ausliefern. Mein erkenntnissuchendes Schreibmotiv kennen Sie bereits. Zudem hege ich gegen Öffentlichkeitsarbeiter gewisse Vorbehalte, bei „Mehrscheinern" weiß man nie, wie viel oder wenig Substanz sich hinter ihrem schönen Schein verbirgt (das Verhältnis von Schein und Sein, von Einwickelpapier und Inhalt, von Visage und Substanz wird uns beschäftigen). Ich lasse mich ungern manipulieren. Schließlich steht die Unabhängigkeit an erster Stelle meiner persönlichen Motiv-Hitliste (Ihr Motivprofil werden wir uns auch anschauen). Jetzt bin ich Ihnen gegenüber in einem Zwiespalt. „Fast alles, was er tat, zielte bewusst auf Wirkung ab", sagt die Historikerin *Shelby Foote* über den großen amerikanischen Präsidenten *Abraham Lincoln.* „Diese Bemerkung sollte sich jeder Autor an den Spiegel stecken", rät der Schreibcoach *Sol Stein* jedem Möchtegernschriftsteller (1997, S. 23). Selbstverständlich möchte ich eine Wirkung bei Ihnen erzielen, Ihnen neue Einsichten und Aha-Erlebnisse verschaffen. Ja, ich will Sie beeinflussen, um das hässliche Wort „manipulieren" zu vermeiden. Aber ich wünsche mir, dass sich meine Begeisterung für das Wer-bin-ich-Thema auf Sie überträgt. Mein schlechtes Gewissen, genau das zu versuchen, was ich anprangere, hält sich in Grenzen. Mein eitler Wunsch für unser Verhältnis ist eine Win-win-Beziehung. Ich helfe Ihnen bei Ihrer Identitätssuche, und Sie schenken mir Ihre Aufmerksamkeit, auch wenn ich von dieser Droge (mit der wir uns noch auseinandersetzen werden) nicht abhängig bin.

„Sicheres Auftreten bei absoluter Ahnungslosigkeit" ist das Erfolgsrezept des Hochstaplers (den knüpfen wir uns auch vor). Ganz ahnungslos in Sachen Identität bin ich nicht. Schon lange interessiere ich mich für Angeberei, Eitelkeit, Geltungsdrang, Aufmerksamkeitssucht, Selbstüberschätzung, Größenwahn und Hochstapelei. Wer angibt, hat's nötig! Aber was nötigt Aufschneider und Hochstapler? Welcher Identitätsschaden steckt hinter welcher Verrücktheit?

„Willst du etwas wissen, so frage einen Erfahrenen und keinen Gelehrten", warnt ein chinesisches Sprichwort. Auf meine im Psychologiestudium erworbene Gelehrsamkeit bilde ich mir wenig ein. Identität kam im Studium kaum vor, war mit dem Stufenmodell von *Erikson* abgedeckt, weil man das in Prüfungen so schön abfragen kann. Aber meine eigenen Erfahrungen, Vermutungen und Erkenntnisse zum Identitätskomplex möchte ich zu Ihrem

und meinem Nutzen zusammenfassen und psycho-
logisch absichern. (Beim Schreiben wurde mir übrigens klar, warum mich Menschen mit starkem Geltungsdrang besonders interessieren und was das mit
mir zu tun hat. Im dritten Kapitel verrate ich es
Ihnen.)

Wenn ich mich als Psychologe oute, höre ich oft:
„Das hätte ich auch gerne studiert." Auf meine
Frage „Warum und wozu?", bekomme ich meist die
Antwort: „Dann würde ich mehr über mich erfahren und könnte meine Mitmenschen durchschau-
en." Ich vermute, Sie hätten ähnlich geantwortet.
Deshalb machen wir uns gleich auf den Weg, und
ich beschreibe zunächst kurz, wohin ich Sie mit-
nehmen möchte. Übrigens: Man kann Menschen
nicht durchschauen, da hilft auch kein
Psychologiestudium. Aber man kann andere beobachten und mit der einen oder anderen Theorie
im Hinterkopf erklären, warum sich Menschen so
und nicht anders verhalten. Anschließend kann man
sich fragen, ob man oft genauso handelt, und erkennen, wie man selbst „tickt".

Wir beginnen unsere Suche nach Selbsterkenntnis
mit dem lohnenden Umweg über die Fremderkun-
dung. Identität erhalten wir nämlich nur durch die
anderen. Wer ich bin, weiß ich, wenn mir klar wird,
wie ich mich von anderen unterscheide: Ich bin,
weil ich anders bin! Doch Mitmenschen müssen
nicht nur zu Vergleichszwecken herhalten, sie sind
überhaupt eine Quelle der Selbsterkenntnis. Und
wenn wir aus anderen schlau werden, kommen wir
uns nicht nur selbst auf die Schliche, sondern wir
gehen anderen auch nicht auf den Leim. Das

schützt uns vor identitätsgestörten Zeitgenossen, die ihre Probleme auf unsere Kosten lösen wollen.

In *Kapitel 1* flanieren wir über den Jahrmarkt der Eitelkeiten und beobachten, wie sich Menschen, die ihre Mitmenschen beeindrucken wollen, zum Affen machen. Die Evolutionspsychologie liefert uns wertvolle Erkenntnisse. So weiß der Primatenforscher *Frans de Waal*: „Man kann den Affen aus dem Urwald nehmen, aber nicht den Urwald aus dem Affen." „Triumphe halten keine Lehren bereit, Misserfolge dagegen befördern die Erkenntnis auf mannigfaltige Art", verrät uns *Hans Magnus Enzensberger*, vermutlich aus eigener Erfahrung. Auf dem Pfad der Erleuchtung bringen uns nicht nur eigene Peinlichkeiten weiter. Klug werden wir auch aus fremden Fehlern.

Das Geltungsbedürfnis ist das Außenministerium der Identität. Wenn jemand zu viel Geltungsbewusstsein an den Tag legt und zu entwertenden Übertreibungen neigt, macht er sich lächerlich und geht mit seiner Statusversessenheit seinen Mitmenschen auf den Wecker. Natürlich sollen Sie sich auch nicht gleich scheu ins Mauseloch verkriechen oder Ihr Licht unter den Scheffel stellen und das Feld substanzlosen Wichtigtuern überlassen. Gut, wenn Sie mit einem gesunden Geltungsbewusstsein gesegnet sind, sich Geltung verschaffen, Ihre Ideen rüberbringen und durchsetzen können.

Zudem beschäftigen wir uns mit lästigen Zeitgenossen, die uns am Ärmel zupfen, weil sie dadurch, dass wir ihnen unserer Aufmerksamkeit schenken, ihre Selbstunsicherheit kompensieren wollen. Betrachten wir das Geltungsbedürfnis als Außenministerium, dann ist die Selbstsicherheit das Innenministerium der Identität: Was halte ich von mir? Bin ich mir selbst sicher oder plagen mich Selbstzweifel? Wie selbstsicher gehe ich auf Mitmenschen zu? Was lasse ich mir gefallen und was nicht?

Im Weiteren interessieren wir uns zuerst für die harmlosen Varianten hochstaplerischer Selbstinszenierung und fragen, ob „Egoakrobatik und Bluffen nicht längst zum selbstverständlichen Verhaltensrepertoire unserer Zeit gehören" (*Saehrendt und Kittl*, 2011, S. 8), schließlich will sich jeder gut verkaufen. Anschließend stoßen wir auf Menschen, die ihre „kosmische Bedeutungslosigkeit" (*Alain de Botton*, 2004) noch nicht akzeptiert haben und beim misslungenen Versuch, ihre Identität zu liften als Hochstapler, Größenwahnsinnige und Mörder Mitmenschen schädigen, tyrannisieren oder schlimmstenfalls sogar auslöschen.

„Wenn je eine Identitätskrise im Leben eines Menschen eine zentrale Rolle spielte, dann war es bei mir der Fall", outet sich der Krisenprofiteur *Erik H. Erikson*. Seine Krise war für ihn und für uns Glück im Unglück. Wie hätte er sonst sein Lebensthema gefunden und es zum „Mister Identität", zum Identitätspapst gebracht. Ohne seine Krise hätten wir keine Erklärungsschablone für unsere biographischen Achterbahnfahrten. Wir schauen uns in *Kapitel 2* sechs Lebensphasen an und analysieren, was in jeder von ihnen zu einer Krise führen kann und wie sich das auf Folgephasen auswirkt.

In *Kapitel 3* betrachten wir die fünf Säulen von *Hilarion G. Petzold*, auf denen unsere Identität ruht. Hoffentlich sind bei Ihnen alle Säulen stabil. Sollte eine wackeln, dann wäre es gut, wenn die anderen fest genug wären, um die instabile zu kompensieren. Problematisch wird es, wenn mehre Säulen wegknicken, und das kann schnell passieren. Für viele ist der Beruf die wichtigste Identitätsschablone. Arbeit und Leistung sind aber auch mit der materiellen Sicherheit, dem Netzwerk und dem Sinn verknüpft. Wackelt die berufliche Säule, kann das ganze Identitätsgebäude zusammenkrachen.

In *Kapitel 4* gehen wir der Frage nach: Was treibt Menschen an? *Steven Reiss* und seine Mitarbeiter führten an 8.000 Männern und Frauen Motivationsstudien durch. Herausgekommen ist das sogenannte Reiss-Profil. Es besteht aus 16 bewussten Motiven, die unser Leben bestimmen. Es geht uns gut, wenn wir unsere wichtigsten Motive ausleben und befriedigen können. Im Dreiklang von Identität, Geltungsbedürfnis und Selbstsicherheit spielen die vier Motive Prestige, Macht, Anerkennung und Unabhängigkeit eine besondere Rolle. Außerdem sind fünf unbewusste oder implizite Motive von großer Bedeutung: Nahrung, Sex, Anschluss, Leistung, Macht.

In *Kapitel 5* suchen wir Antworten auf die Frage: Wer bin ich? Einfacher ist es, zunächst die Fragen „Wie bin ich?", „Was bin ich?" und „Wozu bin ich?" zu beantworten. Danach fragen wir uns, ob die Drei einen Vierten, einen Regisseur, brauchen.

„Wie bin ich?" fragt nach dem Selbstbewusstsein, und das hat eine innere und eine äußere Seite. Wer sich selbst bewusst ist und ein gesundes Selbstwertgefühl besitzt, hat die Voraussetzungen für ein selbstbewusstes, selbstsicheres Auftreten. „Was bin ich?" führt zum Geltungsbewusstsein. Wie wichtig ist mir, was ich in den Augen meiner Mitmenschen gelte? Wo ist auf der Skala von scheu bis geltungssüchtig mein Geltungsbedürfnis angesiedelt? „Wozu bin ich?" nenne ich Sendungsbewusstsein. Man könnte dazu auch Sinnbewusstsein sagen (Was gibt meinem Leben Sinn?) oder von Missionsbewusstsein sprechen (Was ist meine Mission auf dieser Welt?).

In *Kapitel 6* beschäftigen wir uns mit Schein und Sein. Denn auch die Identität besteht aus außen und innen, aus äußerem Geltungsbedürfnis und innerem Sein. Zu unterscheiden sind außenorientierte Statussucher und innengeleitete Sinnsucher. Man spricht in diesem Zusammenhang auch von Face (für das Gesicht, die Oberfläche, die Ausstrahlung) und Substanz (für das, was in einem Menschen steckt, was er denkt und will).

In *Kapitel 7* gelangen wir an das Ende unserer Suche nach der eigenen Identität. Nachdem wir die Frage „Wie sehe ich mich selbst?" aus verschiedenen Perspektiven beleuchtet haben, fragen wir ergänzend „Was halte ich von mir selbst?" und landen bei unserem Selbstwertgefühl, dort versteckt sich letztlich unsere Identität. Anschließend erfahren wir, wie wir unser Selbstwertgefühl stabilisieren können, wenn es mit der eigenen Wertschätzung nicht so weit her ist und wir uns in unserer Haut nicht so recht wohl fühlen.

In *Kapitel 8* sind Sie dran, wenn Sie wollen. Dort gibt es Anregungen und Übungen, die Sie bei Ihrer Identitätsfindung unterstützen können.

In *Kapitel 9* ziehen wir eine Schlussbilanz und fragen, wie weit Sie bei Ihrer Selbsterkundung gekommen sind. Sie entscheiden, ob es sich gelohnt hat, mich bei der Erkenntnissuche zu begleiten. Genau genommen ist die Schlussbilanz eine Zwischenbilanz. Meint doch *Sten Nadolny*, die Identität sei eine Reise und kein Ort. Für seinen Schriftstellerkollegen *David Grossmann* wird aus dieser Erkenntnis eine Daueraufgabe: Wir müssen immer wieder aufs Neue herausfinden, wer wir sind. Am Ende des Buches werden Sie die Reise zu sich selbst mit anderen Augen fortsetzen.

Hermann Rühle

1

Machen auch Sie sich manchmal zum Affen?

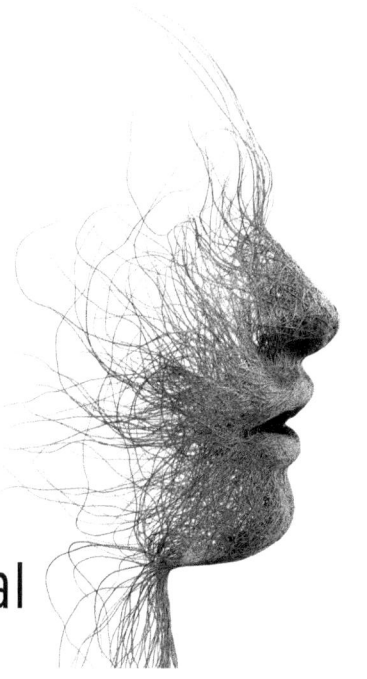

Wir leben in einer narzisstischen Gesellschaft.
Wir putzen unsere glänzende Fassade
und werden dahinter immer hohler.

(Die Psychotherapeutin Bärbel Wardetzki)

Warum hauen Männer auf den Putz und machen sich zum Affen und Frauen eher nicht? Warum sind Statusversessene, Aufmerksamkeitssüchtige und Bedeutungshungrige überwiegend männlich und worin besteht der weibliche Anteil am Geschehen? „Männliche Selbstdarstellung und Statusorientierung sind ein Ergebnis weiblicher Auswahlkriterien", behauptet ein Mann, der Verhaltensbiologe *Karl Grammer* (2004, S. VIII). Das wollen wir genau wissen. Dazu blicken wir hinter die Fassaden der beiden Geschlechter und fragen, welches wahre

Sein sich hinter dem schönen Schein verbirgt.
Wenn wir aus anderen schlau werden, erfahren wir
viel über uns selbst.

1.1

Wie sich Statusversessene auf dem Jahrmarkt der Eitelkeiten aufführen

Alles dreht sich um den Status. Das ist nach *Alain de Botton* (2004, S. 7) „ der Wert und die Bedeutung einer Person in den Augen der Öffentlichkeit". Ein hoher Status ist eines der erstrebenswertesten Güter, weil mit vielen Vorteilen verbunden, mit Wertschätzung, Zuwendung, Aufmerksamkeit, Freiheiten, Komfort. „Der Hunger nach Status hat, wie jeder Appetit, durchaus Vorteile: Er spornt uns an, Begabungen nutzbringend einzusetzen, unser Bestes zu geben, uns vor schädlichem Eigensinn zu hüten, und er bindet die Mitglieder einer Gesellschaft an ein gemeinsames Wertsystem" (S. 9). *De Botton* hat seinem Buch nicht den Titel „Statushunger", sondern „Statusangst" verliehen. Die Bemühungen, sich vor dem Abstieg zu retten, spornen wirksamer zu Höchstleistungen an als der Drang nach oben. Wer will schon gerne Ansehen und Respekt einbüßen? „Dass wir unserem Platz in der sozialen Rangordnung eine solche Bedeutung beimessen, hat damit zu tun, dass wir unser Selbstbild in starkem Maße vom Urteil anderer abhängig machen" (S. 8). Wir brauchen Anerkennung von außen, um uns selbst akzeptabel zu finden. Das ist der Knackpunkt: Wir sind das, was andere aus uns machen. Auf welcher Statushöhe wir uns zufrieden zurücklehnen, hat wenig mit uns und viel mit den anderen zu tun. „Wir schätzen uns erst glücklich, wenn wir genauso viel oder mehr haben als die Leute, mit denen wir aufgewachsen sind, mit denen wir arbeiten, mit denen wir befreundet sind, mit denen wir uns identifizieren. Wir beneiden nur die, denen wir uns ebenbürtig fühlen, […] es gibt kaum einen Erfolg, der schwerer zu ertragen ist als der vermeintlich Gleichgestellter" (S. 57).

Klassenkampf

Der „Schraubenkönig" *Reinhold Würth* hat innerhalb von rund 60 Jahren aus einer Zwei-Mann-Schraubenhandlung ein Imperium mit 60.000 Beschäftigten aufgebaut und den schlagkräftigsten Außendienst der Welt auf die Räder gestellt. Seine Schraubenverkäufer sind von Statushunger und Statusangst getrieben, und es ist schwer zu sagen, ob Zuckerbrot oder Peitsche die Umsätze mehr beflügeln. Zum Kunden fahren sie mit einer standesgemäßen Karosse. Die statusniedrigen Jungverkäufer fallen in die Gruppe der C-Seller. Sie werden mit einem Golf und mit Umsatzzielvorgaben auf die Kunden losgelassen. Sind die Mindestumsätze innerhalb von sechs Monaten erreicht, erfolgt der ersehnte Aufstieg zum B-Verkäufer und der Umstieg in einen Audi A4. Wer nach einem weiteren halben Jahr die neuen

WAS bin ich? WIE bin ich? WOZU bin ich?

Umsatzvorgaben erfüllt hat, ist A-Verkäufer und fährt beim Kunden stolz im C-Klasse-Mercedes vor. Behindern Sie auf der Autobahn um Himmels und *Würths* Willen den Mann im A4 nicht, lassen Sie ihn vorbei. Der düst hochmotiviert zum nächsten Kunden. Er ist entweder hungrig auf den Mercedes, oder ihm sitzt die Angst im Nacken, dass er von der nächsten Verkaufstagung, unter abschätzigen Blicken seiner gleichgestellten, aber erfolgreicheren Kollegen, im Golf heimfahren und seiner Frau und den Nachbarn unter die Augen treten muss.

Statuskrieg

„Latente Statuspanik" lautete das Motto eines Deutschen Soziologentages. Dort ging es nicht um die Nöte von Schraubenverkäufern. Die Soziologen bescheinigten der verunsicherten Mittelschicht eine grassierende Abstiegsangst und lieferten nebenbei eine Erklärung für den SUV-Boom. Wer seinen gefährdeten Status demonstrativ sichern will, fährt seine Sprösslinge im größtmöglichen Auto zum Kindergarten und weiß, dass es denen nicht mehr so gut gehen wird, wie man es selbst hatte. Glücklicherweise bekommen die Kleinen auf der Rückbank nicht mit, wie ihre Eltern mit dem unsinnigen Kauf des überdimensionierten SUV den gemeinsamen ökonomischen Abstieg befördern. Besitz schafft Angst, ihn wieder zu verlieren. Das ist der schwache Trost für Menschen aus der Unterschicht, die nichts zu verlieren haben.

Wie geht es Ihnen, wenn eine große Karosse, eine Designkatastrophe, im Rückspiegel auftaucht und Sie selbst eine Nummer kleiner unterwegs sind?

Nach *Patrik Bock* (2005) müssten Sie sich gedemütigt fühlen. Für den Journalisten sind Statussymbole die „bräsige Ausprägung des Machtmissbrauchs, die Manifestation des eigenen Ranges durch ökonomische Abgrenzung, die exzessive Darstellung des eigenen Status". Er meint, ein Großteil der erfahrenen oder ausgeübten Erniedrigungen würde über Statussymbole transportiert.

Papst *Franziskus* meidet den Jahrmarkt der Eitelkeiten. Er ist unterirdisch unterwegs. Bei *Würth* müsste man für den Pontifex und seinen gebrauchten Ford, mit dem er sich im Vatikan herumkutschieren lässt, die Statusstufen nach unten erweitern und eine D-Klasse installieren. „Mir tut es weh, wenn ich einen Priester oder eine Schwester mit dem neuesten Automobil sehe, nehmt bitte ein bescheideneres Modell", lässt *Franziskus* verlauten. Kein Wunder, dass er sich schwertut, Nachwuchsverkäufer zu finden.

Wir sehen, das Auto spielt eine herausragende Rolle im Statusgerangel. Weil der philosophische Formulierungskünstler *Peter Sloterdijk* meint, man müsse das Auto eher unter religionswissenschaftlichen als unter transportwissenschaftlichen Aspekten sehen, bleiben wir noch kurz im Vatikan. Nach dem Konklave gab es für den neuen Papst und seine Wahlmänner ein Festbankett im nahen vatikanischen Gästehaus. Für *Franziskus* stand ein Mercedes mit dem Kennzeichen CV-1 bereit. Die Kardinäle saßen im Bus. Da passierte es. Die Wächter des vatikanischen Hofzeremoniells und die Hüter des vatikanischen Fuhrparks waren entsetzt. Kaum im Amt versündigte sich der neue Heilige Vater am noch heiligeren Protokoll. Er ließ die Luxuslimousine und den verdatterten Chauffeur stehen und kletterte zu seinen Jüngern in den Mannschaftsbus. Noch lieber wäre er auf einem Esel zum Abendmahl geritten, aber auf die Schnelle war im Vatikan kein solcher aufzutreiben. Vermutlich sitzt dem Autoverächter der französische Armenpriester *Pierre Abbé* im Nacken. Der hatte mit seinem Spruch „Jesus ist nicht im Cadillac gefahren, sondern auf einem Esel geritten" aber nicht den innervatikanischen Verkehr gemeint, sondern die teuren päpstlichen Auslandsreisen kritisiert. Folgerichtig stieg *Franziskus* anlässlich seines Staatsbesuchs in den USA bei der Ankunft vor dem Weißen Haus zwar nicht vom Esel, aber aus dem kleinsten Auto, das dort jemals vorgefahren war. Der Fiat 500L mit dem Kennzeichen SCV-1 ging in der langen Kolonne aus schwarzen SUVs und blinkenden Motorrädern fast unter. „Nur der Papst auf einem Leihfahrrad hätte am roten Teppich des Weißen Hauses schräger ausgesehen", schrieb ein Journalist.

Ruhmgeschachere

„Ich glaube, es kann sehr gefährlich sein, wenn man berühmt ist", warnt die Krimiautorin *Donna Leon*, „weil ich gesehen habe, was Erfolg und Berühmtsein mit Menschen machen kann" (2012). *Donna Leon* lässt ihre Bücher nicht ins Italienische übersetzen. Sie will sich ohne Angst vor Überfällen frei bewegen können. Meistens geht es gut. Von den Einheimischen droht wenig Gefahr, schließlich gibt es mangels Übersetzung keine italienischen Fans. Manchmal fällt sie in den Gassen von Venedig unter die Räuber, wird das Opfer deutscher

Touristen, die sie erkannt haben und Ruhm abschöpfen wollen.

Den berühmtesten Menschen der Welt hingegen nerven in Rom keine Selfiejäger. Wer sich im päpstlichen Ruhm sonnen will, braucht einen Termin. Wichtigster Sinn und Zweck der Papstaudienz ist das obligatorische Foto. Das schießt nicht der Gast mit seinem eigenen Smartphone, sondern ein Hoffotograf. Der steckt im dunklen Anzug, schließlich zelebriert er sein Handwerk auf dem globalen Ruhmgipfel.

Die Ruhmbettelei beginnt unten. Der Balljunge holt sich seine Glücksmomente vom Bundesligaprofi. Der verschwitzte Profikicker wirft sich nach dem Sieg in der Kabine an die Bundeskanzlerin. Die schöpft Ruhm beim amerikanischen Präsidenten. Der lädt seinen Ruhmakku per Privataudienz in Rom. Aber für den Papst ist Ende der Fahnenstange. Mehr als Papst geht nicht beim Ruhmgeschachere. Vermutlich hat *Benedikt* deshalb vorzeitig hingeschmissen. Er habe keine Kraft mehr, begründete er seinen Rücktritt. Vermutlich war er ruhmmäßig ausgelaugt, sein Ruhmvorrat erschöpft. Der einzige Ranghöhere, den es jenseits des Papstes gibt und der ihm aus der Patsche hätte helfen können, lässt sich im Diesseits nicht fotografieren und vergibt Audienztermine nur im Jenseits.

Warum hat der Vorgänger des bayrischen Papstes bis zum Ende durchgehalten? Der polnische Papst ging schlauer mit dem Ruhmproblem um. Er hatte erkannt, dass sich Ruhm auch paritätisch gewinnen lässt, nicht nur parasitär. Denn man kann Ruhm auch auf Augenhöhe unter Gleichrangingen austauschen. Dafür war weltweit ein Mensch verfügbar: *Nelson Mandela*. Für ein gemeinsames Foto suchte ihn der Krakauer Wahlrömer 1995 in Südafrika auf und lockte ihn 1998 zur Ruhmauffrischung in den Vatikan.

Einem Politiker droht keine Ruhmzirrhose. Davor bewahrt ihn die vatikanische Privataudienz. Außerdem können Politiker einen Ruhmverlust durch Eitelkeitszufuhr kompensieren (Diese Möglichkeit bleibt dem Papst verwehrt, Eitelkeit ist eine Todsünde.) Jede Bitte um ein Selfie bedient die Eitelkeit des Ruhminhabers. Die Befriedigung der persönlichen Eitelkeit ist schließlich der Hauptantrieb für die Übernahme öffentlicher Ämter. Der Münchner Oberbürgermeister *Dieter Reiter* auf die Frage, ob er eitel sei, weil er so viel Macht habe und so viele auf ihn blicken: „Wer sich so in die Öffentlichkeit begibt, kann nicht völlig uneitel sein. Ohne ein gewisses Maß an Eitelkeit oder Extrovertiertheit geht es nicht." Ähnliches verlautet über seinen Amtsvorgänger: „*Ude* ist, vorsichtig ausgedrückt, nicht frei von Eitelkeit. Er genießt es, die dominierende Figur in München zu sein und bei öffentlichen Auftritten mit seiner glänzenden Rhetorik und seinem Witz stets alle anderen auszustechen."

Eitelkeitsforum

Wenn zwei sich verbünden, freuen sich 2.500 Dritte! Ein Schweizer Skidorf am Fuße eines Zauberberges plagte ein Problem namens Januarloch. Kein Mensch will in der Kälte Ski fahren, deshalb bleiben im Januar die Betten kalt. Ein Professor litt unter seiner relativen Bedeutungslosigkeit, obwohl er ein echter Professor an einer richtigen Universität war, aber er glaubte, dass er zu Höherem berufen sei. Jetzt gibt es in der zweiten Januarhälfte in Davos und Umgebung kein freies Bett mehr und *Klaus Schwab* empfängt beim Weltwirtschaftsforum als Allergrößter die Großen der Welt, und 2.500 Gernegroße sind glücklich, weil sie zu den handverlesenen Auserwählten zählen, die eine der begehrten Einladungen ergattern konnten. Der weltgrößte Jahrmarkt der Eitelkeiten funktioniert nach einem ganz einfachen Geschäftsmodell. Eine kleine Gruppe ganz Wichtiger ist geladen, ohne zahlen zu müssen, damit die nicht ganz so Wichtigen, die für ihre Teilnahme viel Geld zahlen müssen, nicht ausbleiben. Die bleiben nicht aus, weil sie sonst zu den Unwichtigen der Gattung „Wir müssen draußen bleiben!" gehören würden. Ein Journalistenschwarm sorgt für die für das Geschäftsmodell nötigen Neidgefühle bei den Ausgesperrten. Neidhammel sprechen von „*Schwabs* Gelddruckmaschine". Ein Hofberichterstatter bringt es auf den Punkt: „Es ist ein Erfolg, der dem Geltungs- und Sendungsbewusstsein des Multimillionärs *Schwab* jedes Jahr aufs Neue einen Schub verleiht." Ein anderer ergänzt: „*Schwab* bietet seinen illustren und nicht minder eitlen Gästen eine Bühne. Sehen und gesehen werden. Kontakte knüpfen." Über allen schwebt der „Geist von Davos", das Gefühl, dass man zu den wichtigsten Menschen der Welt gehört.

Titelsucht

Warum wollte sich *Karl-Theodor Maria Nikolaus Johann Jacob Philipp Franz Joseph Sylvester Freiherr von und zu Guttenberg* auch noch einen Doktor zulegen, um ihn vor seine vielen Vornamen zu setzen? Er war doch auch so der beliebteste Politiker Deutschlands, hätte es locker zum Bayrischen Ministerpräsidenten bringen können und wurde schon als künftiger Bundeskanzler gehandelt. Seine Bescheidenheit hat ihm die Karriere ruiniert. Warum musste es ein banaler Doktortitel sein? Warum sich mit einer Doktorarbeit abmühen, in der hinterher neidische Zeitgenossen bösartig herumstochern? Den Professor hätte er umsonst haben können. Warum hat er das Weltwirtschaftsforum in Davos nicht genutzt? Dort sind ihm jede Menge Professoren über den Weg gelaufen. Diese Industrieschauspieler hätten dem jungen Kollegen aus der Politik flüstern können, wie man sich mit einer Spende, einigen Vorlesungen oder einem Blockseminar im Vorbeigehen den Professorentitel angelt. Ohne Risiko. Normalerweise gibt es ohne Fleiß keinen Preis, ohne Habilitationsschrift keinen Titel. Wer sich den Professor besorgt, statt erschreibt, kann auch nirgends abgeschrieben haben.

Warum reicht erfolgreichen Unternehmern und Managern ihr Erfolg nicht? Warum sind einige von ihnen auch noch scharf auf den Professorentitel? Ist ihnen nicht klar, dass ihre Neigung, sich mit einem Titel zu schmücken, eine entwertende Übertreibung bedeutet? Wo liegen die Ursachen dieser eitlen und letztlich selbstschädigenden Statusversessenheit?

Darauf gibt es keine vernünftige Antwort. Die Frage ist auch falsch gestellt. Fragen wir besser, wie sich der Titel auf den Erfolg auswirkt. Sie kennen den Placeboeffekt in der Medizin. Die Wirkung des

Effektes steigt mit der Ärztehierarchie. Die Placebowirkung einer jungen Assistenzärztin geht trotz des weißen Kittels gegen Null, weil deren Unsicherheit unbewusst auf den Patienten ausstrahlt. Sie hat das sichere Auftreten bei absoluter Ahnungslosigkeit noch nicht drauf. Oberärzte erzeugen in etwa den halben Effekt von Chefärzten. Ein Chefarzt mit Professorentitel erreicht beim Patienten, vor allem beim Privatpatienten, den vollen Placeboeffekt. Rauscht der Chef bei der Visite an, ist der Patient nicht mehr halb krank, sondern sofort halb gesund. Eine ähnlich beeindruckende Wirkung haben Professorentitel auch im Management.

Trophäenfrauen

Wer gut aussieht, kann von einer Karriere als Trophäenfrau träumen. Das wissen Boxenluder, Fußballbräute und junge Mexikanerinnen. Schönheitskönigin ist der Traumberuf in den Hochburgen des mexikanischen Drogensumpfes. Wer es dazu bringt, kann es zur Trophäenfrau eines Drogenbarons bringen.

Damit sind wir bei einer besonderen Variante der Ruhmmehrung. Zwei bedeutende Menschen, meist eine Frau und ein Mann, kooperieren zur gemeinsamen Bedeutungserhöhung. Manchmal dient das Ganze auch der gegenseitigen Auffrischung verblassenden oder der Kosmetik fragwürdigen Ruhmes. Auch die Liebe kann eine Rolle spielen. Das wissen wir von *Erich Fromm*. Der soll gesagt haben: „Die Liebe ist oft nichts anderes als ein günstiges Tauschgeschäft zwischen zwei Menschen, die dabei entsprechend ihrem Wert auf dem Personenmarkt so viel wie möglich für sich herausschlagen."

Verhaltensbiologie:
Warum Frauen Männer mit hohem Status bevorzugen

Warum macht sich ein Geltungssüchtiger auf dem Jahrmarkt der Eitelkeiten zum Affen? Tickt er nicht richtig? Fällt ein Mann aus der Rolle, hat normalerweise eine Frau ihre Finger im Spiel. Denn: Die Evolution führt Regie! Sie beschert uns eine verblüffende Antwort auf die Frage „Wer bin ich?". Uns gibt es, weil alle unsere Vorfahren ein Grundprinzip beherzigten: Mach dich nicht vom Acker, solange du deine Gene noch nicht weitergereicht hast! Jeder unserer Ahnen ist erst dann mehr oder weniger sanft entschlafen, nachdem er sich mit einem Partner des anderen Geschlechts verbündet und neues Leben gestiftet hatte. Wer also bin ich? Diese Frage ist geklärt: Ich bin das Ergebnis einer jahrtausendealten evolutionären Erfolgsgeschichte!

Männliche Leser müssen tapfer sein, wenn wir uns mit ihrem aktiven Anteil am evolutionären Geschehen befassen, Leserinnen kommen besser weg. Das Leben des Mannes besteht aus Sicht des Evolutionspsychologen *Geoffrey Miller* (2001, S. 103 ff.) von Geburt an aus einer mehr oder weniger lustigen Seefahrt auf einem sinkenden Gefangenenschiff. Seine Gene sind in einem Körper gefangen, der früher oder später untergeht. „Die einzige Hoffnung für männliche Gene besteht darin, durch einen Fluchttunnel in einen weiblichen Körper mit einer fruchtbaren Eizelle zu entkommen. Gene können auf lange Sicht nur überleben, indem sie das sinkende Schiff verlassen und bei den Nachkommen anheuern." Aus den Genen der männlichen Spermien und den Genen der weiblichen Eizelle wird ein neues Schiff auf Kiel gelegt. Gene sind so lange unsterblich, solange sie es schaffen, sich von einem früher sinkenden Schiff auf ein später sinkendes Schiff zu retten. Die evolutionäre Rolle des Mannes erklärt *Miller* so: „Bei Spezies mit sexueller Fortpflanzung kommt Nachwuchs nur zustande, wenn die Gene eines Individuums mit denen eines anderen zusammenkommen. Und der einzige Weg dahin besteht für Männchen darin, ein Weibchen der eigenen Art durch Partnerwerbung anzulocken. Deshalb entwickelten die Männchen der meisten Arten ein Verhalten, als drehe sich im Leben alles nur um die Kopulation. Für männliche Gene ist die Kopulation der Weg zur Unsterblichkeit." Die Rolle der Frau sieht *Miller* folgendermaßen: „Auch für ein Weibchen ist der Körper ein sinkendes Schiff, aber es hat fast alles an Bord, um andere Körper zu erschaffen: Eizellen, Gebärmutter, Milch. Nur das DNA-Paket eines Männchens fehlt noch, aber es gibt zahlreiche willige Spender."

Wollen Mann und Frau ihren evolutionären Auftrag erfüllen, führen die unterschiedlichen Voraussetzungen, die beide mitbringen, zu einer ziemlich ungerechten Arbeitsverteilung. Der Mann investiert ein paar Kopulationsminuten und einen Teelöffel Sperma, die Frau neun Monate Schwangerschaft. Ein Mann kann (wenn er willige Partnerinnen findet) jede Nacht ein Kind zeugen. Spermien gibt es im Überfluss, Eizellen sind knapp und somit wertvoll. „Deshalb konkurrieren Männchen stärker darum, Eizellen zu befruchten, als Weibchen darum konkurrieren, Spermien zu erhalten." Die Angebot-Nachfrage-Logik erklärt, warum Männchen um das knappe Angebot buhlen müssen und Weibchen aus dem Vollen schöpfen und wählen können. Aus dem Film „Unterwäschelügen" von *Klaus Lemke* lernen wir: „Eine Frau ist die einzige Beute, die ihrem Jäger auflauert."

Männer sind einfacher strukturiert als Frauen und besitzen keine besonders feine Nase beim Aufspüren weiblicher Qualitäten. Die Evolution hat ihnen für die Streifzüge auf dem Partnermarkt zwei einfache Suchkriterien mitgegeben: Jugend und Schönheit. Beides signalisiert genetische Fitness und erhöht beim gemeinsamen Nachwuchs die Chance, zu überleben und sich erfolgreich fortzupflanzen. Frauen stürzt die Evolution bei der Partnerwahl in ein Dilemma. Auch sie wollen ihren Sprössling mit der besten Genausstattung auf die Reise schicken und würden aus der Bewerberschar der Möchtegern-Väter am liebsten einen fitnessstrotzenden Ronaldo-Typen wählen. Der soll sich aber, nachdem er seine Prachtgene bereitwillig herausgerückt hat, nicht aus dem Staub machen, sondern sich an der Pflege und am Gedeihen des Nachwuchses beteiligen. Allerdings hat ein Schönheitskönig wenig Lust auf eine Karriere als Hausmann, steht er doch auch bei anderen Qualifyings auf der Poleposition. Ihr Dilemma bei der Partnerwahl löst frau mit einem Kompromiss, und der heißt: Status vor Schönheit. Mit einem mächtigen, wohlhabenden, dominanten Mann fährt sie, einschließlich Nachwuchs, auf Dauer besser als mit einem flatterhaften Schönling. Wer einen hohen Status besitzt, hat sich nach oben geboxt und sich gegen andere durchgesetzt. So einer ist fit, besitzt gute Erbanlagen, kann für die Seinen sorgen und sie beschützen.

Menschen tun alles, um sich fortzupflanzen. Wer es schafft, seine Gene weiterzugeben, lebt in nachfolgenden Generationen weiter und wird unsterblich. Auf ihrem Weg ins ewige Leben müssen Männer um Frauen buhlen, und Frauen können unter Männern wählen.

Männer buhlen um Jugend und Schönheit, und Frauen wählen bevorzugt Partner mit hohem sozialem Status. Deshalb tun Männer alles, um Frauen einen hohen sozialen Status zu signalisieren, scheuen dabei weder Angeberei noch Lächerlichkeit und schrecken auch vor Betrug nicht zurück.

Oh Mann! Da lachen ja die Hühner, wenn sie sehen, wie die geltungshungrigen Gockel mit geschwollenem Kamm auf dem Misthaufen der Eitelkeiten herumstolzieren. Von wegen! Die Hühner schauen genau hin. Ist der Hahnenkamm kräftig rot gefärbt, kann die Henne davon ausgehen, dass der dazugehörige Kerl gesund ist und viel an der frischen Luft war. Am prachtvollsten Kamm erkennt sie den ranghöchsten Gockel. Der ist fit und besitzt gute Gene, sonst hätte er es nicht so weit gebracht. Wer sich mit dem einlässt, sorgt für einen prächtigen gemeinsamen Nachwuchs.

Ein innerer Kompass aus grauer Vorzeit, der unser Verhalten mitbestimmt, bringt Männer zur Geltung und der Kosmetikindustrie Umsätze. Wir haben die Steinzeit verlassen, aber die Steinzeit hat uns noch nicht verlassen.

Manchen ist es gelungen, die Steinzeit doch hinter sich zu lassen. So der Literaturkritiker *Denis Scheck*.

WAS bin ich? WIE bin ich? WOZU bin ich?

Der hat seinen *Demokrit* gelesen: „Es scheint mir nicht erforderlich, sich Kinder anzuschaffen. Denn ich sehe im Besitz von Kindern viele große Gefahren und viel Kummer, aber wenig Glückseligkeit, und auch diese ist nur gering und schwach."

In den Sätzen des griechischen Philosophen sieht *Scheck* „ die wahre Emanzipation des Menschen vom Fortpflanzungsdiktat der Evolution. Außerdem klingen sie ihm angenehm in den Ohren in einer Zeit, in der die Obrigkeit einen durch Steuervergünstigungen ständig zur Fortpflanzung zum angeblichen Wohl von Rentenkassen, der Wirtschaft und des Staatswesens insgesamt motivieren möchte" (*Gritzmann und Scheck*, 2015, S. 24 f.).

SELBSTERKUNDUNG

- Flanieren Sie eher als amüsierter Beobachter über den Jahrmarkt der Eitelkeiten oder zelebrieren Sie dort Ihren Auftritt?

- Wie wichtig ist Ihnen Ihr Status und wie stark lassen Sie sich vom Status anderer beeindrucken?

- Wie versessen sind Sie selbst auf einen Titel und wie stark lassen Sie sich von Titeln anderer beeindrucken?

- Wie stark hängt Ihr Selbstbild vom Urteil anderer ab?

- Wie intensiv vergleichen Sie sich mit anderen und wie stark schmerzt es Sie, wenn vermeintlich Gleichgestellte mehr Erfolg haben als Sie selbst?

- Wie viel Steinzeit steckt in Ihnen und bei welchen Ereignissen in Ihrem Leben hat die Evolution heimlich Regie geführt?

Notizen:

....

....

....

....

Zusätzliche Erkenntnisse werden Sie gewinnen, wenn wir uns mit Ihren Motiven (Kapitel 4) und mit Ihrem Selbstwertgefühl (Kapitel 7) befassen.

1.2

Wie uns Aufmerksamkeitssüchtige drangsalieren

„Die Aufmerksamkeit anderer Menschen ist die unwiderstehlichste aller Drogen. Ihr Bezug sticht jedes andere Einkommen aus. Darum steht der Ruhm über der Macht, darum verblasst der Reichtum neben der Prominenz", erkennt der Ökonom *Georg Franck* (2007, S. 2). Schadenfroh amüsieren wir uns über evolutionsgesteuerte, aufmerksamkeitssüchtige Mitmenschen und schenken ihnen einen mitleidigen Blick, den sie als bewundernd missverstehen. Aus lustig wird lästig, wenn sie nicht mehr stumm um Bewunderung betteln, sondern uns am Ärmel zupfen und unsere Beachtung fordern. Wir müssen uns nicht gleich als Opfer der Beschaffungskriminalität fühlen, aber wie uns Aufmerksamkeitssüchtige auf die Pelle rücken, kann eine Zumutung sein.

Narzissten

„Wir leben in einer narzisstischen Gesellschaft. Wir putzen unsere glänzende Fassade und werden dahinter immer hohler", wirft uns die Psychotherapeutin *Bärbel Wardetzki* vor (2009, S. 154). Müssen wir ihr betroffen zustimmen, unser Leben ändern, die Fassadenarbeiten einstellen und zusehen, wie wir unsere Hohlräume mit Substanz ausschäumen? Oder ist die Münchner Therapeutin Opfer ihres Berufes, verbringt sie ihre Tage überwiegend in fragwürdiger Gesellschaft? Rekrutieren sich ihre Klienten aus der selbstverliebten Münchner Schickeria und gehen ihr die oberflächlichen Bussi-Bussi-Typen auf den Geist? Egal, wir nehmen ernst, was *Bärbel Wardetzki* meint, und kümmern uns um die narzisstischen Umtriebe. Ihr Schweizer Therapeutenkollegen *Gerhard Dammann* setzt noch einen drauf und erklärt den Narzissmus zur Leitneurose der Gegenwart. Wir fragen uns, ob immer hohler wird, wer sich zu sehr auf das Polieren konzentriert, oder ob Narzissten eine innere Leere hinter einer blitzenden Fassade verstecken wollen. Für *Klaus Eidenschink* (2003, S. 6), den Dritten aus der Therapeutenzunft, ist klar:

„In der narzisstischen Innenwelt wird die Not des Nicht-Wissens-wer-man-ist mit dem Versuch bekämpft, sich eine attraktive Identität zu basteln."

Dieser Satz bringt die narzisstische Problematik auf den Punkt und gilt für unser gesamtes Identitätsthema. Wie kommt es zur verborgenen Not, die sich hinter einer beeindruckenden Fassade versteckt? Welchem Defizit entspringt der Drang, sich mit herausragenden Leistungen hervorzutun, um dafür von anderen bewundert zu werden?

Christoph Schmidt-Lellek ist der vierte Psychotherapeut, der sich in das Thema verbissen hat. Für ihn haben Narzissten ein gestörtes Selbstwertgefühl, und die Wurzeln der Selbstwertproblematik liegen, wen wundert's, in der frühkindlichen Entwicklung.

Für den Psychotherapeuten Nummer fünf, *Hans-Joachim Maaz* (2013, S. 25), entsteht eine narzisstische Störung, wenn die frühkindliche Bestätigung fehlt. „Je weniger die Eltern einem Kleinkind zeigen: Wir lieben dich, auch wenn du vielleicht nicht alles hast, was wir uns wünschen, desto stärker wächst das Bedürfnis, im späteren Leben beweisen zu wollen, dass man doch gut ist. Dass man es doch verdient hat, geliebt zu werden."

Ein unstillbares Verlangen kommt hoch, frühkindliche Kränkungen durch grandiose Leistungen auszugleichen, um den tiefsitzenden Wunsch nach Anerkennung und Wertschätzung zu befriedigen.

Für *Klaus Eidenschink* sind die meisten Narzissten Opfer eines seelischen Missbrauchs durch frühe Bezugspersonen. „Sie haben nie eine Bestätigung gekriegt, dass sie so, wie sie sind, in Ordnung sind, sondern mussten von Anbeginn an eine Rolle spielen und funktionieren. Dabei ist die Entwicklung der Persönlichkeit auf der Strecke geblieben", er-

35

WAS bin ich? WIE bin ich? WOZU bin ich?

gänzt *Bärbel Wardetzki* (2009, S. 156). Die späteren Narzissten durften nicht sein, sondern mussten sein. Sie konnten keine eigene Antwort auf die Frage „Wer bin ich?" finden, wurden unter das Diktat des „Wer muss ich sein?" gezwungen. Diese aufgezwungene Identität hinterlässt eine innere Leere. Man weiß nur, wer man in den Augen seiner Erziehungsagenten, seines Umfelds, sein soll, aber nicht, wer man wirklich ist. Irgendwann hat man gelernt, sich zu gefallen, wenn es einem gelingt, anderen zu gefallen.

Der Selbstunsichere sucht nach Fremdversicherung. Er will mit einer prächtigen Fassadenidentität bei seinen Mitmenschen Eindruck schinden, damit sie ihn mit Aufmerksamkeit und Anerkennung belohnen und ihm seine Großartigkeit bestätigen.

Das macht den Narzissten vom Umfeld abhängig. Er braucht den täglichen Spiegel, der ihm versichert, dass er der Schönste im Lande ist, um zu verhindern, dass die innere Leere und Orientierungslosigkeit hochkommt.

Narzissmus tritt in einer großen Bandbreite auf. Am Anfang der Skala steht die narzisstische Persönlichkeit ohne Störung. „Die habe ich selbst zum Beispiel auch – wie alle Leute, die sich viel Anerkennung wünschen, ohne sich deswegen krank zu fühlen oder von ihrer Umwelt für krank gehalten zu werden." Dieses Bekenntnis könnte von Ihnen oder von mir stammen. Damit hat sich aber der Göttinger Psychiatrieprofessor *Borwin Bandelow* in einem Interview als Normalnarzisst geoutet (2006, S. 144). Solche Menschen sind mit sich und der Welt im Einklang. Das Ende der Skala markiert die narzisstische Persönlichkeitsstörung: „Wenn Sie darunter leiden, ist die Schauspielerei der ideale Beruf.

Klaus Kinski ist die Bilderbuchinkarnation solch einer narzisstischen Störung. Er spielte ja nicht nur den Großkotz. Diese grenzenlose Egomanie und Selbstvergötterung, die ungesteuerten Impulse – ohne Rücksicht auf Verluste stoßen diese Menschen alle Konkurrenten aus dem Weg, um selbst überlebensgroß rauszukommen. Typisch: Trotz Punktabzug bei den unmittelbaren Sympathiewerten hatte *Kinski* unglaublichen Erfolg beim weiblichen Geschlecht. Man hätte ihm nie verziehen, wenn er im echten Leben der brave Familienvater und Opel-Fahrer gewesen wäre."

Sind Sie ein braver Familienvater und Opel-Fahrer? Klopfen Sie sich auf die Schulter! Professor *Bandelow* bescheinigt Ihnen per Ferndiagnose, dass Sie dann mit an Sicherheit grenzender Wahrscheinlichkeit unter keiner narzisstischen Persönlichkeitsstörung leiden. Sind Sie Opel-Fahrer und konnten Ihre Gene bisher nicht weiterreichen, sollten Sie über einen Markenwechsel nachdenken. Vielleicht senken dann Anhalterinnen nicht mehr den Daumen, wenn Sie auf die Bremse treten.

Zur Erhöhung Ihrer Chancen auf dem Partnermarkt könnten Sie auch über einen Berufswechsel nachdenken, *Klaus Kinski* nacheifern und Schauspieler werden. Besitzen Sie die nötigen Voraussetzungen? Je weniger Sie die folgenden Kriterien der narzisstischen Persönlichkeitsstörung von *Oldham und Morris* (1992, S. 111) erfüllen, desto schneller sollten Sie Ihren Traum beerdigen:

WAS bin ich? WIE bin ich? WOZU bin ich?

1. Der Betroffene zeigt ein übertriebenes Selbstwertgefühl, ein grandioses Gefühl der eigenen Wichtigkeit, übertreibt die eigenen Fähigkeiten und Talente und erwartet daher, selbst ohne besondere Leistungen als etwas Besonderes Beachtung zu finden;

2. verlangt nach ständiger Aufmerksamkeit und übermäßiger Bewunderung, ist ständig auf Komplimente aus;

3. beschäftigt sich ständig mit Phantasien grenzenlosen Erfolges, Macht, Glanz, Schönheit und idealer Liebe;

4. glaubt von sich, besonders und einzigartig zu sein, meint, dass er nur von anderen besonderen oder angesehenen Personen verstanden wird und mit ihnen verkehren kann;

5. zeigt arrogante, überhebliche Verhaltensweisen und reagiert wütend auf Kritik;

6. ist in zwischenmenschlichen Beziehungen ausbeuterisch, um mit Hilfe anderer die eigenen Ziele zu erreichen;

7. legt ein Anspruchsdenken an den Tag, will bevorzug behandelt werden, sieht nicht ein, dass er sich wie alle anderen in der Schlange anstellen muss;

8. zeigt einen Mangel an Einfühlungsvermögen, kann nicht erkennen und nachempfinden, wie andere fühlen und wie es anderen geht;

9. ist innerlich stark mit Neidgefühlen beschäftigt, ist neidisch auf andere oder glaubt, andere seien neidisch auf ihn.

Notizen:

....

....

(Übrigens ist nicht jeder Schauspieler persönlichkeitsgestört, vermutlich erfüllen nur wenige alle Kriterien.)

„Zum Glück trifft nichts auf mich zu", werden Sie jetzt sagen. Ihr Pech könnte sein, dass Sie nicht unter Narzissmus leiden, aber unter einem Narzissten. Einige der abwegigen Verhaltensweisen aus der Liste kommen Ihnen bekannt vor, und Ihnen wird klar: Das ist der Steckbrief meines Chefs!

Narzissten drängt es in Führungspositionen. Dort lassen sich, wie in der Schauspielerei, narzisstische Tendenzen erfolgreich ausleben.

Teile des Störungskataloges sind karriererelevant. Wer nach oben will, muss ein ausgeprägtes Selbstbewusstsein an den Tag legen, ein großes Ego vor sich hertragen, Gesten der Überlegenheit zeigen und Meister des ersten Eindrucks sein. So ein Mensch muss Eigenschaften präsentieren, die andere bewundern: Belastbar und durchsetzungsfähig sein, Engagement zeigen, Charisma ausstrahlen, cool, eloquent, charmant und wortgewandt auftreten. Solche Typen boxen Konkurrenten aus dem Assessment-Center und werden Nichtnarzissten vor die Nase gesetzt.

Leider schlagen die für den Aufstieg förderlichen Eigenschaften später ins Gegenteil um, und die Mitarbeiter sehen sich Zumutungen ausgesetzt. Sie sollen dem Chef jeden Tag aufs Neue seine Großartigkeit bestätigen und ihn als Helden feiern. Er pflegt einen Personenkult und nutzt jede Gelegenheit zur Macht- und Statusdemonstration. Er nervt seine Untergebenen mit den während des Aufstiegs versteckten negativen Eigenschaften wie Arroganz, Manipulation und Ausbeutung, schmückt sich ungeniert mit fremden Federn und plündert die Kompetenzen anderer. Problematisch wirkt sich sein labiles Selbstwertgefühl aus, das er hinter seiner strahlenden Fassade versteckt. Alles Geschehen wird selbstwertrelevant. Ereignisse sind nicht neutral, sondern Urteile über die eigene Person. Erfolge zeigen, wie toll man ist. Misserfolge bedeuten persönliches Versagen. Kurzfristige Erfolge sind wichtig. Strohfeuer werden entzündet und verglühen. Substanz und Nachhaltigkeit fehlen. Der Chef verliert den Realitätsbezug und hebt ab. Mitarbeiter äußern nur noch, was dem Chef gefällt. Er hört kein offenes, kritisches Feedback mehr, weil er das nicht erträgt und mit massivem Gekränktsein reagiert, stellt es doch sein brüchiges Selbstbild in Frage. Fehler werden vertuscht, eine wichtige Lernquelle geht verloren.

Narzissten entwickeln Neidgefühle gegenüber Menschen, von denen sie spüren, dass sie „wirklich" sind und aus inneren Kraftquellen schöpfen, statt nur einen Schein zu erzeugen. Sie dulden keinen authentischen und wirklich fähigen Mitarbeiter in der näheren Umgebung.

Wer unter Narzissmus leidet, lässt andere leiden.

Narzissten fühlen sich irgendwann wohl mit ihrem aggressiven und destruktiven Verhalten. Sie lassen langjährige Weggefährten fallen und fallen selber auf Blender herein. Sie fördern Personen, die ihnen ähnlich sind, aber gerne eine Nummer kleiner.

Doch milde Formen des Narzissmus wirken sich durchaus positiv aus. Ein idealer Chef, der seine Rolle ausfüllt, darf narzisstische Züge zeigen. Mit seinem Charisma kann er andere begeistern und motivieren. Der produktive Narzisst zeigt Weitsicht, Risikofreude und Durchsetzungsvermögen, und das muss für seine Mitarbeiter und für die Firma nicht schlecht sein. Allerdings hat er eine starke Neigung zum Rangmissbrauch.

Rangmissbrauch

Die Karriere des Physikprofessors *Robert W. Fuller* kann sich sehen lassen. Mit 33 schaffte er es als jüngster Rektor des Oberlin-College in Ohio zum Medienliebling und genoss die öffentliche Aufmerksamkeit. Zwischen 40 und 50 reiste er als Diplomat um die Welt, war einige Zeit im Beraterstab von Präsident *Jimmy Carter* und erzählte stolz von Meetings mit dem Präsidenten im Oval Office. Am Ende seiner Karriere, als er mit knapp 60 Jahren Posten und Titel hinter sich ließ, stürzte er in eine Identitätskrise. Er war nicht länger ein wichtiger Jemand und fühlte sich von seiner Umgebung respektlos als Niemand behandelt. Sein Nachdenken über die Auswirkungen des Bedeutungsverlustes auf sein Selbstbewusstsein beförderte ihn vom Nobody wieder zum Somebody. Bei seiner Identitätserkundung war ihm klargeworden, welche Rolle der Rang im menschlichen Leben spielt, wie jeder in unterschiedlichen Lebensphasen einmal als Jemand und einmal als Niemand unterwegs ist. Er erkannte, wie Somebodies ihren Rang missbrauchen und Nobodies demütigen (*Fuller*, 2004).

Pragmatisch, wie Amerikaner nun einmal sind, schlug er drei Fliegen mit einer Klappe: Er erklärte seine Erkenntnisse zu seinem Lebensthema, gab seinem Leben eine neue Richtung und bewältigte ein Kindheitstrauma. Seine Mutter hatte etwas gegen Autoritäten, ließ sich nichts gefallen – und wehe, jemand trat ihr auf die Zehen. Wenn aber ihr eigener Sohn seinen Spinat nicht essen wollte, sperrte sie ihn zwei Tage lang in sein Zimmer ein. Der gedemütigte Sohn vermarktete sein Kindheitstrauma Jahrzehnte später und brachte es in seiner Karriere nach der Karriere zum Experten in Sachen Rangmissbrauch.

Die wichtigen Jemands missbrauchen ihre Macht gegenüber den rangniedrigeren Niemands.

Lehrer stellen Schüler bloß. Chefs mobben Mitarbeiter. Ärzte entmündigen Patienten. Politiker manipulieren Bürger. Trainer demütigen Spieler. Heimerzieher erniedrigen Schutzbefohlene. Mütter quälen Kinder mit Spinat.

Fuller hat nichts gegen Hierarchien und gegen den mit einem bestimmten Rang verbundenen Status. Aber er hat etwas gegen die Verletzung der menschlichen Würde. Betroffenen Mitarbeitern gibt er einen Rat, der sich schwer realisieren lässt: Sie sollen sich Unterstützung von einem aufgeklärten, weitsichtigen Führungsverantwortlichen im Unternehmen holen, der rangmäßig höher steht als der schikanierende Chef. Möglicherweise gibt es diesen edlen Chef-Chef im Unternehmen nicht, oder der gesuchte Unterstützer hat den Schikanierer selbst eingestellt. Vermutlich kann das Opfer eines Rangmissbrauchs auch mit dem Vorschlag des Philosophen *Dieter Thomä* wenig anfangen: Man solle eine Einstellung zu sich selbst finden, in der man sich in seiner Gesamtheit und mit allen positiven und negativen Facetten zu schätzen weiß. Das mache um einiges resistenter gegen Herabsetzungen und Demütigungen.

Verhaltensbiologie:
Warum Wahrgenommenwerden so wichtig ist

Vielleicht muss man sich die Schöpfungsgeschichte als Pannenserie vorstellen. Als der Schöpfer seinen Geschöpfen zurief: „Machet euch die Erde untertan", fiel ihm auf, dass er sie mit ziemlich kleinen Köpfen ausgestattet hatte. Ihm kamen Bedenken, ob ihr Verstand für die große Aufgabe reichen würde. Also besserte er nach und verpasste den Menschen ein größeres Hirn. Dann erkannte er das Missverhältnis zwischen nachgebessertem Gehirn und gegebenem Geburtskanal. Jetzt hätte der Schöpfer den Kopf verkleinern oder den Geburtskanal erweitern können. Aber vermutlich hatte keine Lust mehr, und wer gibt schon gerne Fehler zu. Nach dem Motto „Wenn du zwei Möglichkeiten hast, wähle die dritte" ließ er die Hardware wie sie war und löste das Problem mit einer geringfügigen Manipulation der Software. Geboren wird der Mensch, solange das Köpfchen noch klein genug ist, um durch den Geburtskanal zu passen. Seither kommt er als unreifes Frühchen daher, schwebt ab Geburt einige Jahre in absoluter Lebensgefahr und müsste sich ohne rettenden Beistand, kaum angekommen, gleich wieder von dieser Welt verabschieden.

Auch das Frühchenproblem behob der Schöpfer mit einer kleinen Nachbesserung, einem Lebensrettungsprogramm. Kernstück ist eine Designänderung (man spricht deshalb vom intelligenten Designer), der Kindskopf wird zum Kindchenschema aufgehübscht. Es besteht in einem (im Verhältnis zum Körper) großen Kopf mit hoher Stirnregion, aus großen, runden Augen, einer kleiner Stupsnase, einem putzigen Kinn, rundlichen Wangen und weicher Haut. Jetzt blinzeln Babys süß und niedlich in die Welt, egal wie schrumpelig sie nach der Geburt daherkommen und wecken bei Müttern, Vätern und anderen Bezugspersonen heftige Beschützerinstinkte. Der gegenseitige Austausch von Aufmerksamkeit und Zuwendung zwischen Mutter und Kind führt zur Ausschüttung von Glückshormonen, was ihre Bindung unterstützt. Bei Kontaktabbruch entsteht bei Mutter und Kind ein schwer erträglicher Trennungsstress, und das Bemühen, diesen Gefühlsterror zu verhindern, schweißt beide zusammen.

Mit der Geburt beginnt der Kampf um Aufmerksamkeit, und das ist ein Kampf auf Leben und Tod.

Leider ist die gut gemeinte Mischung aus Kindchenschema und Gefühlen keine absolute Lebensversicherung. Das dokumentieren die Kirchenbücher von Krummhörn in Ostfriesland. Dort hat der Soziobiologe *Eckart Voland* herumgestöbert und die Stammbäume von Bauernfamilien erforscht. Für das 17. und 18. Jahrhundert fand er eine ungewöhnlich hohe Kindersterblichkeit bei Jungen. Sie betrug 18 Prozent. Bei den Töchtern waren es nur 6 Prozent. Ist das schwache Geschlecht doch das stärkere? Nein, die Ursache lag im Krummhörner Erbrecht: Der erstgeborene Sohn bekam den Hof und musste seine jüngeren Brüder auszahlen. Dieser finanzielle Aderlass gefährdete die Überlebenschancen des Hoferben. Nachgeborene Söhne waren eher lästig und standen nicht im Zentrum des elterlichen Interesses. Sie bekamen weniger Aufmerksamkeit und wurden leichter Opfer von Krankheiten oder Unfällen. Töchtern stand nur eine kleine Mitgift zu. „Genetischer Erfolg und Aufwand standen in einem besseren Verhältnis", meint der Soziobiologe.

Das Lebensrettungsprogramm hat zumindest in ostfriesischen Bauernhäusern nicht immer funktioniert. Richtig gefährlich für die Kleinen wird es, wenn sie mutterseelenallein gelassen werden und ihnen für den überlebenswichtigen Kampf um Aufmerksamkeit nur das Kindchenschema bleibt.

Im katholischen Irland hat man unverheirateten Müttern ihr Kind weggenommen und in ein Heim gesteckt. In einer gottverlassenen Gegend von Westirland, nahe der Stadt Tuam, liegen in einer Klärgrube die sterblichen Überreste von ungefähr 800 Kindern und Säuglingen, und wenn es 2014 die Historikerin und Heimatforscherin *Catherine Corless* nicht gegeben hätte, wäre die Sache nie ans Licht gekommen. Kinder stießen bereits vor dreißig Jahren auf das Massengrab. Sie hatten auf einer Betonplatte gespielt und sich über das hohle Geräusch unter der Platte gewundert, neugierige den Deckel aufgestemmt und in den Abgrund geblickt: Der Raum, eine ausgediente Abwassergrube, war bis zum Rand mit kleinen Skeletten gefüllt. Weiter passierte damals nichts, an einer Aufklärung war niemand interessiert. Der Deckel wurde wieder geschlossen, ein Priester segnete die menschlichen Überreste, Nachbarn pflanzten Blumen und ließen

45

WAS bin ich? WIE bin ich? WOZU bin ich?

Gras über das Massengrab wachsen. Die Nestbeschmutzerin *Corless* deckte den Skandal auf. Die Spur führte zu einem zwischen 1925 und 1961 betriebenen und dann aufgelösten Heim für uneheliche Kinder, geleitet von Nonnen eines katholischen Ordens. Dort war die Kindersterblichkeit immens hoch. Kleinkinder fanden wegen Vernachlässigung und Unterernährung den Tod oder starben überdurchschnittlich häufig an den Folgen von Masern, Tuberkulose oder Lungenentzündung. Sie wurden nicht offiziell beerdigt, verschwanden anonym im Massengrab.

Eine Ursehnsucht, wahrgenommen zu werden, fand ein deutscher Sozialarbeiter bei allen Menschen, die in Heimen aufgewachsen sind und denen die frühkindliche Bindung an eine Mutter fehlt.

Wer in seiner frühen Kindheit kein Urvertrauen entwickeln konnte, weil es nur instabile Kontakte zu wechselnden oder unzuverlässigen Bezugspersonen gab, wer also beim überlebenswichtigen Wahrgenommenwerden zu kurz gekommen ist, sucht lebenslänglich nach Aufmerksamkeit.

Eine übertriebene Suche nach Aufmerksamkeit gibt es aber auch bei Menschen, die in normalen Familien aufgewachsen sind. Vermutlich haben manche Kindsköpfe, die uns mit ihrer Aufmerksamkeitssucht auf den Wecker gehen und unsere Toleranz übermäßig beanspruchen, Folgendes nicht mitbekommen:

Die Evolution hat das Notfallprogramm für den Kampf um Aufmerksamkeit nur für unsere ersten Lebensjahre vorgesehen, nicht für das ganze Leben.

SELBSTERKUNDUNG

- Wie gut tut es Ihnen, von anderen bewundert zu werden?

- Sind Sie von der Droge Aufmerksamkeit abhängig?

- Sind Sie in einer Führungsposition, und wie stark haben positive narzisstische Persönlichkeitszüge zu Ihrem Aufstieg beigetragen?

- Leiden Sie unter einem narzisstischen Chef?

- Fühlen Sie sich eher als Somebody oder als Nobody?

- Haben Sie Erfahrungen mit Rangmissbrauch, aktiv als „Täter" oder passiv als „Opfer"?

- Schaffen Sie es, sich angemessen gegen Rangmissbrauch zu wehren?

Notizen:

....

....

....

....

....

....

....

In Kapitel 8 wird erläutert, wie man am besten mit Narzissten umgeht und man resistenter gegen versuchten Rangmissbrauch wird.

1.3

Wie Bedeutungshungrige ihre Mitmenschen terrorisieren

„Tausendfach gesegnet der Bauer, der geboren wird, isst und stirbt, ohne dass sich jemand mit seinem Tun befasst!", behauptet *Giuseppe Verdi* in seiner Hymne an den unbekannten Bauern. Verstehen Sie *Verdi*? Ich auch nicht. Warum segnet er den unscheinbaren Zeitgenossen, der unauffällig durchs Leben geht und von seinen Mitmenschen in Ruhe gelassen wird? Beneidet der Promi *Verdi* den anonymen Nobody, der sich frei und unbelästigt bewegen kann, dem beim Schaufensterbummel kein Autogrammjäger auflauert? Leidet der erfolgreichste Musikschaffende aller Zeiten unter Erfolgszwang, weil alle Welt immer neue Wunderwerke von ihm erwartet? Steckt hinter seiner Sehnsucht nach dem einfachen Leben auf dem Lande ein Burnout? Eines ist klar: Unter dem Gefühl der Bedeutungslosigkeit kann *Giuseppe Verdi* nicht gelitten haben. Sein Start war holprig, aber im Gegensatz zu anderen Künstlern, denen der Durchbruch nie gelingt, hatte es *Verdi* bereits mit Dreißig geschafft. Er konnte mit den Tantiemen aus seinen frühen Kompositionen das Landgut Sant' Agata kaufen und schuf dort seine Erfolgswerke. Mit Mitte Fünfzig schrieb er für ein unverschämt hohes Honorar die Oper Aida als Auftragswerk. Als Vorlage für den Triumphmarsch hat vermutlich sein eigenes Leben hergehalten. Er war der bedeutendste Künstler seines Fachs. Vor und nach ihm hat kein Komponist so viel Geld verdient und sich so eine Existenz leisten können. Mehr Bedeutsamkeit geht nicht. Warum beneidet dieser strahlende Jemand den anonymen Bauern, einen Niemand, um sein bescheidenes Dasein? Die Verdi-Versteherin *Teresa Pieschacón Raphael* bringt Licht ins Dunkel. Sie nennt den Maestro einen wortkargen Dickkopf, misstrauisch gegenüber gesellschaftlichem Glanz und hochtönenden Phrasen. Er sei von seinen Erfolgen niemals besonders beeindruckt gewesen und von Misserfolgen auch nie richtig enttäuscht. Er lehnte Orden ab und litt unter seiner Prominenz. Er könne „… nicht einen Schritt tun, ohne dass er in jeder Weise kommentiert wird!". Vermutlich plagte ihn ein Bedeutungsüberdruss, ein Gefühl, der Öffentlichkeit ausgeliefert zu sein. Vielleicht kam er sich wie ein Clown vor, den alle beklatschen.

Tausendfach gesegnet sind die Mittelmäßigen, die mit sich und ihrer Identität im Reinen sind, die weder das Luxusproblem eines Bedeutungsüberschusses kennen noch unter einem Mangel an Bedeutsamkeit leiden.

Schlimm, wenn die vom Gefühl der eigenen Bedeutungslosigkeit Getriebenen mit hirnrissigen Aktionen auf ihre Mitmenschen losgehen, wenn sie im Extremfall andere beseitigen, um ihren eigenen Identitätsnotstand zu beseitigen.

Über die Kapriolen der Statusversessene können wir lächeln. Wenn uns Aufmerksamkeitssüchtige am Ärmel zupfen, ist das lästig, aber wir können sie abschütteln oder ihnen aus dem Weg gehen. Bedeutungshungrige aber können gefährlich werden, vor denen müssen wir uns in Acht nehmen.

WAS bin ich? WIE bin ich? WOZU bin ich?

Hochstapler

„Hochstapler machen im Grunde das Gleiche wie Theaterleute, nur dass die Verabredung eine andere ist. Während der Betrogene nicht weiß, dass er gerade gelinkt wurde, geht der Besucher ins Theater, um möglichst gut belogen zu werden", verrät uns *Bastian Kraft* anlässlich seiner Felix-Krull-Inszenierung für das Münchner Volkstheater. Der Jungregisseur meint, der Mensch könne gar nicht anders, als in Rollen zu schlüpfen und drauf loszuspielen.

In Wien, unweit des Burgtheaters, hat der Richter *Stefan Apostol,* einen Schauspieler. als Hochstapler wegen fahrlässiger Tötung unter besonders gefährlichen Verhältnissen, fahrlässiger Körperverletzung, Kurpfuscherei, Betrug und Urkundenfälschung zu viereinhalb Jahren Haft verurteilt. Frei nach *Bastian Kraft* ist jeder Schauspieler ein Hochstapler und jeder Hochstapler ein Schauspieler. Sie und ich spielen jeden Tag auf der Bühne des Lebens in unterschiedlichen Rollen Theater. So sind auch wir Schauspieler und Hochstapler. Damit kommen wir durch, solange wir nicht übertreiben und kein allzu großes Unheil anrichten.

„Sie haben den Notarzt gespielt und mit dem Leben anderer gespielt", warf der Wiener Richter dem 38-jährigen deutschen Gelegenheitsschauspieler, der sogar einmal in der TV-Serie Kommissar Rex einen Arzt mimen durfte, in seiner Urteilsbegründung vor. Der falsche Notarzt hat den Tod einer 68-jährigen Wienerin auf dem Gewissen, er behandelte sie auf der Fahrt ins Krankenhaus völlig unzureichend. Nur einen Tag vorher beförderte er eine

63-jährige Frau ins Koma. Die erlitt während des Transports einen Herzkreislaufstillstand. Eine richtige Behandlung hätte den Sauerstoffmangel im Gehirn verhindert. Der Angeklagte habe aus seiner Zeit als Zivildienstleistender „kaum mehr Wissen als ein interessierter Laie", sagte der vom Gericht berufene medizinische Sachverständige, jeder Sanitäter in Ausbildung wisse mehr.

„Da steht ein Mann vor Gericht, der offenbar ein recht unspektakuläres Leben führte. Der aber lieber ein anderes hätte haben wollen", formuliert es die Gerichtsreporterin *Katja Auer*. Mit diesen Sätzen kann man fast jeden Prozessbericht beginnen, wenn es einem Hochstapler vor Gericht an den Kragen geht.

Hochstapler machen im Grunde das Gleiche wie Theaterleute, aber sie sind mutiger. Sie geben ihre Vorstellungen im realen Leben und wissen nie, wann ihr Identitätsbetrug auffliegt. Manchen gelingen Spitzenleistungen und sie bekommen nach ihrer Entlarvung offenen oder heimlichen Applaus, vor allem wenn die Opfer ihrer Köpenickiaden auch mit Schadenfreude bedacht werden, nicht nur mit Mitleid. Die Soziologin *Sonja Veelen* von der Uni Marburg hat sich mit Hochstaplern beschäftigt und ihre Erkenntnisse im Profil des perfekten Hochstaplers so zusammengefasst: „Man muss in der Lage sein, sehr kontrolliert Mimik und Gestik zu steuern, muss auch in brenzligen Situationen Ruhe bewahren und immer in der Rolle bleiben." Das gelingt denen besonders gut, die ihre falsche Rolle wirklich leben und ihre eigenen Lügen selbst glauben.

WAS bin ich? WIE bin ich? WOZU bin ich?

Der Identitätsbetrug kommt in einer großen Bandbreite daher und reicht von der kriminellen Hochstapelei mit Todesfolge bis zur alltäglichen Identitätskosmetik.

Eckart Voland, Professor für Biophilosophie, stellt fest: „Wir alle sind Angeber. Unser Leben ist nicht denkbar, ohne dass wir unsere Qualitäten annoncieren." Ist seine Einschätzung noch zu harmlos? *Christian Saehrendt* und *Steen Kittl* behaupten, das Bluffen gehöre bereits zum selbstverständlichen Verhaltensrepertoire unserer Zeit. Hochstaplerische Selbstinszenierung und Egoakrobatik seien heute wichtiger denn je. Jeder muss sich gut verkaufen können. Oder sind wir inzwischen noch eine Stufe weiter, gehört sogar bewusstes Lügen zum Zeitgeist, seit die Gesellschaft für deutsche Sprache „postfaktisch" zum Wort des Jahre 2016 gewählt hat?

Eingebildete Hochstapler

Als Zeitmanagementtrainer bin ich mir manchmal wie ein Hochstapler vorgekommen. Schon wie alles begann. Während meiner Zeit an der Uni, als Assistent im wirtschafts- und sozialwissenschaftliche Fachbereich, hatte ich Kurse angeboten: „Persönliche Arbeitstechniken und Zeitmanagement für künftige Führungskräfte." Gegen Ende meiner Unizeit rief mich ein ehemaliger Student an, der inzwischen in der Weiterbildungsabteilung einer großen Firma gelandet war: „Können Sie so eine Veranstaltung auch für tatsächliche Führungskräfte durchführen?" Kurz zuvor war ich auf den Satz von General *Eisenhower* gestoßen: „Wenn du gefragt wirst, ob du etwas kannst, sage ja. Und dann schau zu, wie du es hinbekommst." Tatsächlich bekam ich das erste Seminar gut hin und tauschte meine unsichere Zukunft an der Uni mit dem sicheren Job eines hochstapelnden Freiberuflers. Stehe ich doch zwei Tage lang vor zehn oder fünfzehn ausgewachsenen Menschen, die in ihrem Beruf ihre Frau und ihren Mann stehen, und maße mir an, denen beizubringen, wie sie besser mit ihrer Arbeit und Zeit klarkommen. Mit diesem Hochstaplergefühl kokettiere ich manchmal und sage am Ende des Seminars: „Übrigens, in jedem Seminar lernt einer am meisten, und das ist der Referent, und ich habe in den letzten beiden Tagen viel gelernt. Dafür möchte ich mich bei Ihnen bedanken! Als Teilnehmer lernt man ja am meisten in den Pausengesprächen, und ich hoffe, Sie haben diese Lernmöglichkeit intensiv genutzt." Anschließend wundere ich mich über die positiven Seminarbeurteilungen und freue mich, weil sie meine Hochstaplergefühle minimieren. Am liebsten ist mir die ehrliche Form der Rückmeldung, wenn mich Teilnehmer bei Seminarende fragen: „Welche Seminare außer Zeitmanagement geben Sie noch?" und ich nicht den Eindruck habe, sie wollen einen zweiten Reinfall vermeiden.

Kurz nach der Wende diskutierten wir bei einem Seminar in Dresden für ein sächsisches Ministerium die Frage, was einen guten Chef auszeichnet. Zum Beweis meiner Trainerkompetenz wies ich auf ein Merkmal hin, an dem man gute Chefs erkennen könnte, aber leider nicht erkennen kann, weil es ja nicht offensichtlich ist: das Hochstaplersyndrom. Dass nicht nur mich manchmal dieses eigenartige Hochstaplergefühl beschlich, hatte ich im Buch

WAS bin ich? WIE bin ich? WOZU bin ich?

„Managerleben" meines Trainerkollegen *Richard Streich* entdeckt (1994, S. 126): „Es beruht auf intensiven, geheimen Empfindungen der Betrügerei angesichts des eigenen Erfolges und der eigenen Leistung. Wer an einem solchen Phänomen leidet, glaubt, dass er seinen Erfolg nicht verdient habe. Er glaubt, er sei ein Vortäuscher falscher Tatsachen, der sich irgendwie durchgemogelt habe." Kollege *Streich* hat sich bei *Harvey* und *Katz* schlau gemacht. Die berichten in ihrem Buch (1988) „Ich habe Erfolg – ich fühle mich schlecht", was sie herausgefunden haben: Betroffen sind Menschen, die innerlich zu Hochleistungen getrieben werden und deren Verhalten durch Perfektionismus dominiert ist.

Paradoxerweise ist der tatsächliche Erfolg eine der Voraussetzungen für das Auftreten der Hochstaplergefühle. Man muss etwas erreicht haben, um zweifeln zu können, ob man es verdient hat.

Oft sind Aufsteiger betroffen, die es aufgrund ihrer Leistung in eine höhere Klasse gegenüber dem Elternhaus geschafft haben. Auch Manager, die früh Verantwortung übernehmen mussten, kämpfen mit dem Gefühl mangelnder Qualifikation. Ihr Perfektionismusantreiber drängt sie, sofort optimal zu funktionieren. Ihren Erfolg schreiben sie nicht sich selbst zu, ihrem Talent, ihrer Intelligenz, ihren Fähigkeiten, sondern meinen, es sei ihnen nur gelungen, ihre Umwelt zu blenden.

Eingebildete Hochstapelei gibt es auch bei anderen Berufsgruppen. „Das blöde Gefühl ist ein Erfolgsproblem – ein Zeichen dafür, dass es gut läuft", bestätigt der erfolgreiche amerikanische Schriftsteller *Neil Galman*. Der befürchtet, eines Tages werde ein Mann vor seiner Tür stehen und sagen: „Jetzt ist es vorbei, ich sei durchschaut, und jetzt müsse ich mir bitte einen anderen Job suchen. Einen richtigen Job, bei dem er früh aufstehen und eine Krawatte tragen müsse – und der nicht darin besteht, Dinge zu erfinden und aufzuschreiben und Bücher zu lesen, die er ohnehin lesen wollte." Ähnliches berichtet auch sein Kollege von der schreibenden Zunft, der Journalist *Alexander Hirschmann* (2013, S. 14), der es mit seinen Texten in die Süddeutschen Zeitung schafft: „Und eines Tages kommt einer, der mich durchschaut. Der sieht, dass ich keine Ahnung habe von dem, was ich den ganzen Tag mache; dass ich einfach nur das tue, was ich für richtig halte. Dass ich ein Blender bin, ein Schwindler."

Aus der Luft gegriffen ist das Hochstaplergefühl erfolgreicher Manager, Schriftsteller und Journalisten vielleicht doch nicht.

Der Manager lebt in einem goldenen Käfig, die klassischen Rollenerwartungen lassen nicht zu, Selbstzweifel und Unsicherheiten zu zeigen oder zu äußern. Manager werden von außen als Erfolgsmenschen charakterisiert, ohne dass sie das innerlich auch akzeptieren. Fremdbild und Selbstbild stimmen nicht überein, und das verursacht unangemessene Gefühle. Außerdem können äußere Ursachen dafür sorgen, dass ein dummer Manager Erfolg hat und ein noch so kluger Manager Misserfolg erlebt. Die Angst, entlarvt zu werden oder abzustürzen, ist nicht immer unbegründet. Dies gilt für alle Berufe, für die es keine eindeutigen Kriterien für die Güte oder den Erfolg gibt.

WAS bin ich? WIE bin ich? WOZU bin ich?

Beim Seminar in Dresden hatte ich nach der Diskussion über das Hochstaplersyndrom in der anschließenden Pause eine Begegnung mit einem leib-
haftigen falschen Hochstapler: „Da haben Sie mich
vorhin auf dem linken Fuß erwischt, das ist genau
mein Problem", sagte er zu mir. „Wenn Sie mir
jetzt noch sagen, bei welchem Problem ich Sie erwischt habe?" „Sie haben es Hochstaplersyndrom
genannt, und das Problem, das mich schon lange
drückt, hatte plötzlich einen Namen. Und ich hatte
immer gemeint, es sei mein Privatproblem." Der
eingebildete Hochstapler war als Abteilungsleiter
der Ranghöchste unter den Seminarteilnehmern,
kommt er doch gleich nach dem Minister und dem
Staatssekretär. Im Seminar saßen auch einige seiner
Mitarbeiter. Die schwärmten beim Bier am ersten
Seminarabend von ihrem Chef und meinten, auch
der Staatssekretär halte große Stücke von ihm.

Was unterscheidet den echten Hochstapler vom eingebildeten? Der
echte leidet unter seinem fehlenden Status, bildet sich ein, das nicht
verdient zu haben und startet eine Karriere als Identitätsbetrüger. Der
eingebildete Hochstapler leidet an Selbstbetrug, besitzt aufgrund
seines verdienten Erfolges einen hohen Status und bildet sich ein, den
nicht verdient zu haben.

Ein schwacher Trost: Wer sich einbildet, seinen
Erfolg nicht verdient zu haben, dem fehlt jegliche
Voraussetzung für Größenwahn.

Größenwahnsinnige

Großes Theater gibt es nur mit Größenwahn – vor
allem, wenn mehrere Größenwahnsinnige zusam-
menspielen und das Spektakel am Burgtheater in
Wien inszeniert wird. In einem legendären Inter-

view hat der größenwahnsinnige *André Müller* dem damaligen Direktor *Claus Peymann* (1988) das Geständnis entlockt: „Wer sich zum Ziel gesetzt hat, Burgtheaterdirektor zu werden, muss sowieso völlig verrückt sein. So etwas macht nur ein Irrer." Seinen Größenwahn gibt der Irre auch gleich noch zu: „Ich bin, das muss man auch einmal sagen, ein relativ gebildeter Mensch, weitaus gebildeter als die meisten anderen Regisseure. Ich halte mich mittlerweile für einen Regisseur, dessen Inszenierungen, selbst wenn sie misslingen, zu den besten gehören." Nicht wegen seiner Selbstdarstellung löste das Interview einen Skandal aus, sondern weil *Peymann* zu einem Rundumschlag ausholt und alle möglichen Politiker, Schriftsteller, Schauspieler und Kollegen beleidigt: „Die Wirkung, die ich mit dem Theater erreiche, geht doch unendlich tiefer als der ganze Herr *Beckenbauer* oder die Unterhaltungsscheiße von Herrn *Carrell* oder Herrn *Wussow*. Ich konkurriere ja nicht mit der Schwarzwaldklinik." „Ich beobachte, wie *Helmut Kohl* aussieht, wenn er sagt, er sei tapfer, und in Wirklichkeit feig ist. Mich stört an *Kurt Waldheim* keine Sekunde, was er während des Krieges gemacht hat ... was ich ihm übel nehme, ist, dass er lügt. Das allein disqualifiziert ihn. Da kenne ich keine Gnade."

Ungnädig reagierte der Großkritiker *Marcel Reich-Ranicki*, obwohl der im Interview weder beleidigt noch erwähnt wurde. Er beschimpfte „Die Zeit", weil die gewagt hatte, das Gespräch zu veröffentlichen. Der Anstand erfordere, ein derart inhumanes Geschwätz in einer seriösen Zeitung nicht abzudrucken. Besonders unanständig war für *Reich-Ranicki Peymanns* Bemerkung über den Schauspieler *Bernhard*

WAS bin ich? WIE bin ich? WOZU bin ich?

Minetti: „Den Größenwahn eines *Bernhard Minetti* kann ich kaum noch ertragen."

Der war aber gar nicht beleidigt. Er erklärte zwei Wochen später im „Sonntagsgespräch" des ZDF, dass man ihn als größenwahnsinnig bezeichne, störe ihn nicht. Ohne Größenwahn sei in der Kunst Qualität nicht möglich.

Warum unterstelle ich dem genialen Interviewer *André Müller* Größenwahn? Zuerst etwas zur Genialität des 1946 in Brandenburg geborenen, in Wien aufgewachsenen und 2011 in München verstorbenen Österreichers. *Joachim Riedl* (2011) schreibt in seinem Nachruf auf *André Müller*: „Ihm vertrauten Menschen Dinge an, die sie sonst kaum jemandem erzählten." „Jeder seiner literarisch sorgfältig inszenierten Dialoge war ein Kammerschauspiel, ein Drama, in dem die letzten Dinge abgehandelt wurden. Ohnmacht, kosmische Einsamkeit, Wahnsinn und Tod. Das trug ihm den Ruf ein, ein Interview-Künstler zu sein." Sein Kunstgriff sei gewesen, das hat *Müller* selbst verraten, die Leute von ihrer Bedeutung, die sie gar nicht haben, zu überzeugen. „Er bereitete sich oft wochenlang auf jede Gesprächsbegegnung akribisch vor, verschlang Unmengen an Lektüre und verblüffte dann sein Gegenüber mit punktgenau ausgewählten Zitaten. Es schmeichelte der Eitelkeit der Befragten, dass sich jemand so ausführlich mit ihnen auseinandergesetzt hatte, und sie öffneten dem Interviewer ihr Innerstes."

Der Journalistenkollege *Volker Weidermann* hat mit dem schwerkranken *André Müller* kurz vor dessen Tod ein letztes Gespräch geführt und schreibt: „Sie sagen Dinge, die Menschen, mit denen *André Müller* redet, die sie noch nie zuvor gesagt haben. Manche haben sie vorher noch nicht einmal gedacht" (*Weidermann*, 2011, S. 2). Im Gespräch mit *Weidermann* bekennt sich *Müller* zu seinen Größenphantasien. Im Grunde habe er sich die ganzen Jahre versteckt und seine Gesprächspartner über seine eigene Bedeutung getäuscht. Er musste mit seiner Bedeutung tiefstapeln, damit die Leute mit ihrer nicht vorhandenen Bedeutung hochstapeln konnten und Dinge verraten haben, die sie sonst nicht verraten hätten: „Ich habe in den Interviews immer die Erfahrung gemacht, dass ich mehr zu sagen habe als diese Leute" (S. 3) Leider könne er sich ja nicht selbst interviewen, aber es sei ihm am liebsten, wenn der Ausgefragte „meine Sätze spricht". Warum er jetzt keine Interviews mehr führt, will *Volker Weidermann* wissen. „Weil ich durch die Krankheit nicht mehr den Elan habe, die Leute von ihrer Bedeutung, die sie gar nicht haben, zu überzeugen" (S. 4). Das brauche die meiste Kraft, das Eitelkeitsbedürfnis supermaximal zu befriedigen. Denn in Wahrheit „interessieren mich die Leute null, null".

Ruhmsüchtige Mörder

„Ich laufe hier seit sieben Jahren frei herum", schwärmte *John Lennon* im Interview für einen New Yorker Rundfunksender. „Das ging natürlich nie als Beatle in England. Ich kann überall hingehen. Habt Ihr eine Ahnung, wie wunderbar das ist?" Vier Stunden später, kurz vor Mitternacht, war er tot. Sein Mörder läuft nicht mehr frei herum. Der sitzt seit seiner Verurteilung 1981 im Hochsicherheitsgefängnis von Alden im US- Bundesstaat New York.

WAS bin ich? WIE bin ich? WOZU bin ich?

Von den fünf Kugeln, die er auf *John Lennon* abfeuerte, trafen zwei dessen Lunge, eine sein linkes Schulterblatt und eine zerfetzte die Halsschlagader. Am Nachmittag war *John Lennon* seinem späteren Mörder *Mark Chapman* schon einmal begegnet, hatte ihm einen Autogrammwunsch erfüllt, den Umschlag seiner letzten Platte „Double Fantasy" signiert und den Fan gefragt, ob er sonst noch etwas für ihn tun könne. Der hätte ehrlicherweise antworten müssen: „Ja, ich möchte Sie gerne umbringen, damit ich genauso berühmt und unsterblich werde wie Sie!" Vermutlich war er wegen *Lennons* Freundlichkeit zum sofortigen Anschlag nicht fähig, lauerte ihm am späten Abend noch einmal auf und feuerte sich aus seiner Bedeutungslosigkeit.

Der Journalist und Literaturkritiker *Ijoma Alexander Mangold* (2006) nennt den hässlichen Ruhm, auf den Attentäter und Amokläufer scharf sind, einen rücksichtslosen Versuch, Aufmerksamkeit und Prominenz mit Gewalt herbeizuzwingen. „Die Gesellschaft aber kann immer nur an die Wenigen, nie an die Vielen Ruhm, Anerkennung und Aufmerksamkeit verteilen. Sie muss also sicherstellen, dass sich die anderen, die Vielen, damit abfinden, wenn ihr Leben im Schatten vorübergeht. Früher, in stark hierarchisch organisierten Gesellschaften, war es klar, dass nur Personen von Rang ein Recht auf Ruhm und Aufmerksamkeit hatten. Wer nicht dazugehörte und trotzdem ein Bedürfnis nach Ich-Steigerung hatte, dem boten sich verschiedene Möglichkeiten an: Er konnte den Heldentod in der Schlacht suchen. Oder er wurde zum Abenteurer oder er ging zur Fremdenlegion, wo es eine institutionalisierte Dosis aus kleinem Ruhm und heldischer Gefahr gab." Moderne Gesellschaften können ihren Bürgern mit solchen Angeboten nicht dienen. Man müsse sich eher wundern, meint *Mangold*, warum der Urtrieb des Menschen nach Ruhm und Anerkennung nicht öfter in verstörender Gewalt endet.

Nach einer Gewalttat erklären Journalisten und selbsternannte Experten, die in Talkshows ihren Ruhm mehren, was den Täter getrieben hat. Auch der Täter darf sein Tun verklären. Über den Lennon-Mörder *Mark Chapman* kursieren Zitate, die ins Bild passen, ob sie stimmen oder nicht: „Ich war ein Niemand und wollte, dass man mich beachtet", soll er gesagt haben.

> „Ich hatte das Gefühl, dass ich durch den Mord an John Lennon vielleicht herausfinden würde, wer ich selber bin."

Verbürgt ist eine Aussage des Ausschusses, der über eine vorzeitige Haftentlassung zu befinden hatte und diese ablehnte: Der Häftling werde weiter vom Drang nach Ruhm und Bekanntheit getrieben, der ihn zum Mörder werden ließ.

Verhaltensbiologie:
Warum der Bauch Regie führt

„Wir sind wie Tiere. Sex ist nun mal der stärkste tierische Impuls, der uns antreibt. Und oft genug überwältigt er den Intellekt." *T. C. Boyle* (2009, S. 2) ist kein Evolutionspsychologe, aber er sagt mit wenigen Worten, was aus evolutionärer Sicht die menschliche Identität ausmacht, nur hätte er es etwas freundlicher formulieren können. Nebenbei erklärt uns der US-Romancier, was Hochstapler,

WAS bin ich? WIE bin ich? WOZU bin ich?

Größenwahnsinnige und Mörder zu ihren hirnrissigen Verhaltensweisen treibt. Die beiden Hausaufgaben, die der Mensch von der Evolution mitbekommen hat, kennen wir bereits. Wir beide, Sie und ich, sind leibhaftige Beweise für Fortpflanzungserfolg und Überlebenserfolg. So weit so gut.

Soll unser Leben ein Fortsetzungsroman sein, nicht nur eine Kurzgeschichte, müssen wir unsere Hausaufgaben erledigen und unsere Gene weitergeben.

Mit Hausaufgaben ist das so eine Sache, man kann sie erledigen oder sich davor drücken. Das weiß auch die Evolution und hat für alle Menschen, ob Drückeberger oder nicht, eine obligatorische Hausaufgabenhilfe installiert. Eine Art innerer Dauerbrenner hält unsere Motivation für die Genweitergabe am Köcheln. Allerdings werden wir nicht nur auf dumpfen Sex, bei abgeschaltetem Gehirn, heiß gemacht, wie es *T. C. Boyle* nahelegt. So tierisch geht es beim Menschen nicht zu.

Es gibt auch noch andere implizite Motive, in unserer biologischen Natur verankerte Bauchmotive. Die walten und schalten weitgehend unbewusst und hormonunterstützt auf unserer Instinkt- und Gefühlsebene. Vor allem Hormone, sagt *Antonio Damasio*, können uns „Verhaltensweisen aufzwingen, die wir beim besten Willen nicht unterdrücken können". Sie überwältigen unseren Intellekt, ergänzt *T. C. Boyle*. Im Zweifel schlägt der Bauch dem Kopf ein Schnippchen. Das weiß jeder, der sich in den Kopf gesetzt hatte, seinen Bauchumfang zu verkleinern. Sagt der Kopf „Du sollst abnehmen" und der Bauch „Du sollst nicht verhungern", dann ist klar, wer gewinnt. Die Bauchmotive, auch unbewusste, implizite Motive genannt, werden in Kapitel 4 genauer erläutert.

„Männliche Menschen verschwenden ihre Zeit und Energie darauf, akademische Titel zu erlangen, Bücher zu schreiben, Sport zu treiben, andere Männer zu bekämpfen, Bilder zu malen, Jazz zu spielen und religiöse Kulte zu begründen. Dies mögen keine bewussten sexuellen Strategien sein, aber die hinter Leistung und Status steckenden Motivationen […] wurden wahrscheinlich durch sexuelle Selektion geprägt." So erklärt *Geoffrey Miller* (2001, S. 151 f.) zusammenfassend, wie und warum sich Männer abstrampeln, damit sie mit einer hohen Bedeutsamkeit auf dem umkämpften Partnermarkt die Nase vorn haben. Was aber, wenn es mit dem eigenen Status nicht weit her ist, wenn man es nicht in die erste Mannschaft geschafft hat und am Spielfeldrand keine Fußballbraut wartet? Wenn sich der Jungfeuerwehrmann nicht heldenhaft hervortun kann, weil es absolut nicht brennen will? Wenn die Schwesternschülerin den Assistenzarzt anhimmelt und den Krankenpfleger abblitzen lässt?

Was ist, wenn man mit seinem unspektakulären Dasein hadert, von einer prestigeträchtigen Karriere träumt, aber die Ochsentour nicht schafft? Zum Glück lässt sich nicht jeder Frustrierte von seinen Bauchmotiven zu hirnrissigen Aktionen hinreißen.

Bei den aufgeflogenen Hochstaplern, Größenwahnsinnigen und Serienmördern sucht der Richter nach Motiven und der psychiatrische Gutachter liefert sie, spricht von narzisstischer Störung, Selbstwertkrise, Minderwertigkeitsgefühl, Drang nach sozialer

WAS bin ich? WIE bin ich? WOZU bin ich?

Anerkennung, unerfülltem Geltungsbedürfnis, Identitätsnotstand.

Der Normalbürger fragt sich, was im Kopf von Hochstaplern, Größenwahnsinnigen und Serienmördern vorging. Der Evolutionspsychologe könnte ihm sagen, dass im Kopf zu wenig vorging und der Bauch Regie geführt hat.

SELBSTERKUNDUNG

- Haben Sie persönliche Erfahrungen mit bedeutungshungrigen Identitätsbetrügern?

- Fühlen Sie sich selbst eher bedeutsam oder eher bedeutungslos?

- Ängstigt oder entlastet Sie der Gedanke einer eigenen kosmischen Bedeutungslosigkeit?

- Kennen Sie das Gefühl, den eigenen Erfolg nicht verdient zu haben?

- Gibt es Ereignisse in Ihrem Leben, in denen Ihr Bauch Ihren Kopf überwältig hat?

Notizen:

....

....

....

....

....

....

Wir beleuchten in Kapitel 6 das Verhältnis von Schein und Sein und versuchen in Kapitel 4, den geheimen Bauchmotiven ein Stück weit auf die Spur zu kommen.

1.4

Zwischenbilanz

Hat sich unser Bummel über den Jahrmarkt der Eitelkeiten (mit dem Abstecher zum Kuriositätenkabinett) gelohnt? Konnten Sie daraus, dass Sie sich über Ihre Zeitgenossen, die mit ihrer Identität nicht klarkommen, wunderten, Erkenntnisse über sich selbst gewinnen? Auf jeden Fall wissen Sie jetzt: Zum Glück bin ich nicht so wie die! Möglicherweise haben Sie darüber nachgedacht, welcher Pflichtteil vom evolutionären Erbe bei Ihnen hängengeblieben ist, ob und wie stark ein innerer Kompass aus der Steinzeit Ihr Verhalten mitbestimmt.

Somit haben wir im ersten Kapitel den Fächer mit Identitätsthemen breit aufgespannt. In den folgenden Kapiteln wollen wir klären, warum sich Menschen so und nicht anders verhalten, was das für Sie bedeutet und wie Sie erkennen, wer Sie wirklich sind.

Ein großer Teil unserer Selbsterkenntnis entsteht aus dem Vergleich. Der Vergleich wird zur Tyrannei, wenn wir unsere eigenen Vorstellungen von den falschen Kriterien ableiten. Viele Menschen sind keine Lebenskünstler, weil sie sich mit den falschen Leuten vergleichen. „Wenn es Ihnen nicht gelingt, den archaischen Drang zu zügeln, Ihren Erfolg ständig an dem Ihrer Mitmenschen zu messen, wird stets Ihr Glück weniger davon abhängen, wie viel Geld Sie haben, als vielmehr davon, wie viel Geld die anderen haben; und darauf werden Sie nie Einfluss haben" (Zweig, 2007, S. 270).

Wer wir sind (Kapitel 5) und was wir von uns halten (Kapitel 7) entdecken wir durch Selbstbeobachtung, vor allem aber aus dem Vergleich mit anderen. Was ich drauf habe, weiß ich, wenn ich jemand treffe, der mehr oder weniger drauf hat als ich. Pralle ich auf selbstsichere Leute oder begegne ich selbstunsicheren Menschen, erkenne ich, wie es um mein Selbstwertgefühl steht. Meine Vorstellung von mir entwickelt sich auch durch Rückmeldungen anderer, wenn sie mir sagen oder zu verstehen geben, wie sie mich sehen. Auch ein kritischer Blick auf meine Mitmenschen fördert das Nachdenken über mich selbst. Wie viel Schein mein Sein braucht (Kapitel 6), kann ich abschätzen, wenn ich einen „Mehrscheiner" durchschaut habe, der sich gut verkaufen will, obwohl er nichts anzubieten hat.

Identität ist meine Vorstellung von mir, entstanden durch meinen Vergleich mit anderen und durch meine Erfahrungen mit anderen.

In den folgenden Kapiteln beleuchten wir die Identität aus unterschiedlichen Blickwinkeln und ziehen daraus Rückschlüsse auf uns selbst.

2

In welcher Identitätskrise stecken Sie gerade?

Wenn je eine Identitätskrise im Leben eines Menschen eine zentrale Rolle spielte, dann war es bei mir der Fall.

(Erik H. Erikson)

In diesem Kapitel geht es um die Identität aus der biographischen Perspektive.

Wir nehmen uns die aufeinanderfolgenden Lebensphasen vor, erfahren, was bei Narzissten (und anderen Identitätsauffälligen) wann schief gegangen ist und welche möglichen Identitätskrisen wir selbst in der jetzigen und in künftigen Lebensphasen besser umschiffen sollten. *Erik H. Erikson* liefert uns das Erklärungsschema.

2.1

Krisenkarriere

Erik H. Erikson hatte drei Väter, einen echten, einen vorgeschobenen und einen angeheirateten. Es ist nicht verwunderlich, dass ihn diese Zustände in eine Identitätskrise stürzten. Doch *Erikson* wusste sich zu helfen, indem er sich sein Unglück zunutze machte. Rationalisierungsfachmann und Erfolgsprediger *Gustav Großmann* (1975) hätte ihn als Paradebeispiel missbrauchen können: „Da siehst du mal wieder, wie mein Erfolgsprinzip funktioniert!" Denn: „Wer nicht an die Verwertung seines Unglücks herangeht, ist es gar nicht wert, vom Schicksal in eine Katastrophe gestürzt worden zu sein."

Das Leben des deutsch-amerikanischen Identitätspapstes lässt sich aus zwei Perspektiven erzählen. Aus der Verwertungsperspektive ist es die amerikanische Traumkarriere: vom unehelichen Kind zum Millionär, vom orientierungslosen jungen Mann zum Harvard-Professor und Pulitzer-Preisträger. Aus der Unglücksperspektive schlingerte sein Leben seit seiner Geburt von einer Identitätskrise zur nächsten, überschattet von Familiengeheimnissen. Genau genommen begann die Katastrophe bereits vor seiner Geburt, seine achtstufige Theorie der psychosozialen Entwicklung hätte er um eine neunte, vorgeburtliche Identitätskrise erweitern können. Seiner Tochter *Sue Erikson Bloland* verdanken wir mit ihrem Buch „Im Schatten des Ruhms" (2007) eine dritte Version des väterlichen Lebens, eine

Mischung aus Glück und Unglück. Sie hatte als Kind von beidem einiges abbekommen. Nur mühsam konnte sie aus dem Schatten des väterlichen Ruhms treten und ihre eigene Identität finden.

Erik H. Erikson stammte mütterlicherseits aus einer reichen jüdischen Familie in Kopenhagen. Sein erster Vater steht in der Geburtsurkunde, aber es muss sich um eine unbefleckte Empfängnis gehandelt haben, verschwand doch der angebliche Erzeuger nach kurzer Ehe mit *Eriksons* Mutter bereits einige Jahre vor der Geburt des angeblichen Sohnes auf Nimmerwiedersehen nach Nordamerika. Die Identität seines biologischen Vaters konnte *Erikson* nie lüften. Seine Mutter verriet ihm das Geheimnis nicht und nahm es mit ins Grab – angeblich weil sie es seinem dritten Vater bei der Hochzeit versprochen hatte. Diese Heirat bescherte dem kleinen Erik einen Vater zum Anfassen, und den verkaufte man dem Dreijährigen als richtigen Vater. Mit Acht erfuhr er, dass es sich nur um seinen Stiefvater handelte, und man schwindelte ihm vor, er entspringe einer früheren Ehe der Mutter, obwohl er aus einer Affäre hervorgegangen war. Erst als Heranwachsender, und nach Andeutungen dänischer Verwandter, reimte er sich die Wahrheit über seine väterliche Herkunft zusammen. Nach Ansicht seiner Tochter litt er lebenslänglich schrecklich unter dem Gefühl, dass ihn sein wirklicher Vater, ein nameloser Däne, im Stich gelassen hatte und nie den Versuch unternahm, ihn kennenzulernen.

Die schwangere Mutter hatte man, um der Familie Schande zu ersparen, von Kopenhagen nach Deutschland abgeschoben. Sie brachte 1902 in

WAS bin ich? WIE bin ich? WOZU bin ich?

Frankfurt ihren Sohn auf die Welt, schlug sich zunächst im badischen Bühl alleine durch, bis sie im nahen Karlsruhe *Dr. Theodor Homburger*, den Kinderarzt ihres Dreijährigen, heiratete. Über den Ersatzvater konnte sich *Erikson* nicht beklagen. Der war ein angesehener Arzt und hatte eine führende Rolle in der jüdischen Gemeinde in Karlsruhe inne. *Erikson*, groß, blond, blauäugig, wurde in der Synagoge wegen seines nordischen Aussehens gehänselt und im Gymnasium, weil er Jude war. Vor dem Abitur erlebte er eine Krise wegen der unklaren väterlichen Identität. Nach dem Abitur verweigerte er das vom Stiefvater gewünschte Medizinstudium und versuchte sich als Künstler. Nach ersten Erfolgen musste er einsehen, dass seine künstlerische Begabung nicht ausreichte, um ihm die große öffentliche Beachtung zu verschaffen, auf die er aus war. Diese Erkenntnis stürzte ihn nach eigenen Worten in eine Identitätskonfusion. Er war ernsthaft gestört, depressiv, funktionierte nur oberflächlich und kehrte als verkrachte Existenz ins Elternhaus zurück.

Mit 25 rettete ihn ein alter Freund mit dem Angebot, er könne in Wien an einer freien Schule als Hilfslehrer aushelfen. Er landete im Umfeld von *Sigmund Freund* und dessen Tochter *Anna*. Beide erkannten und förderten sein therapeutisches Talent. Das gab seinem Leben die entscheidende Wendung. Nach seiner Ausbildung zum Psychotherapeuten, nach Heirat und Geburt des ersten Kindes verließ *Erikson* mit seiner jungen Familie Wien wegen Hitlers Machtergreifung und landete, nach einer Zwischenstation in Kopenhagen, in den USA. Dort gelang *Erikson* eine Traumkarriere. Er praktizierte als Kinderpsychotherapeut, brachte es ohne Studienabschluss zum Universitätsprofessor und schaffte als letzter Nichtmediziner die Aufnahme in die renommierte Amerikanische Psychoanalytische Gesellschaft. Er wurde berühmt mit seinem Buch „Kindheit und Gesellschaft" (2005) und mit seinem Stufenmodell der psychosozialen Entwicklung, in dem er die von Krisen begleitete Entwicklung der menschlichen Identität darstellte.

Die angesehene Vorzeigefamilie *Erikson* bestand inzwischen aus einem attraktiven und berühmten Elternpaar, zwei älteren Brüdern, einer jüngeren Tochter und einem Familiengeheimnis. Die Kinder glaubten, dass ihr kleiner Bruder bei der Geburt gestorben sei. Im Alter von 13 Jahren erfuhr die schockierte Tochter von der Mutter die Wahrheit: Ihr kleiner Bruder lebte mit Down-Syndrom in einem Heim, in das man ihn kurz nach der Geburt abgeschoben hatte.

„Wer nicht an die Verwertung seines Unglücks herangeht, ist es gar nicht wert, vom Schicksal in eine Katastrophe gestürzt worden zu sein." – Raten Sie einmal, welchen Berufsweg Tochter Sue später eingeschlagen hat? Selbstverständlich (oder gar zwangsläufig?) wurde sie Psychoanalytikerin, und wir verdanken ihr drei großartige, ineinander verwobene Lebensbeschreibungen.

Erstens erfahren wir Details über das Leben ihrer Eltern (des berühmten Vaters und der hochbegabten Mutter) und über das narzisstische Beziehungsgeflecht der beiden. Zweitens erzählt sie uns ihren eigenen mühsamen Weg, mit einem Familiengeheimnis fertigzuwerden, das ihre Kindheit überschattete, ähnlich wie die ihres Vaters. Drittens beschreibt sie, wie sie allmählich aus dem Schatten des väterlichen Ruhms treten konnte und wie sie es geschafft hat, ihre eigene Identität zu finden. Eines konnte sie allerdings nicht ergründen: Wie es sein kann, dass ein Mensch, der selbst sehr unter einem Familiengeheimnis seiner Kindheit litt, seinen eigenen Kindern ein ebensolches Familiengeheimnis zumutet. Die Erikson-Tochter liefert uns viertens eine Antwort auf die Frage, ob Ruhm heilt. Kann Erfolg ein labiles Selbstwertgefühl reparieren? Das interessiert uns im siebten Kapitel.

2.2

Lebensphasen

Bei unserer Identitätssuche betrachten wir das Leben nicht als Ganzes, sondern fragen, was in entscheidenden Phasen passiert. Wir orientieren uns an der Einteilung von *Erikson*. Sein achtstufiges Modell der psychosozialen Entwicklung schrumpfen wir auf sechs Phasen. Das lässt sich begründen: Die ersten drei Entwicklungsstufen reichen bei *Erikson* von der Geburt bis zum fünften oder sechsten Lebensjahr. Dieser Zeitraum ist unsere erste Stufe. So schreibt der Psychotherapeut *Heinz-Peter Röhr* (2017, S. 15):

„Das Selbstwertgefühl entwickelt sich maßgeblich während der ersten sechs Lebensjahre." In diesem für unser späteres Leben prägenden Lebensabschnitt sind wir das Produkt biologischer Entwicklungsschritte und ein Opfer elterlicher Verhältnisse. Die Grundidee des Erikson-Modells: Parallel zu den biologischen Entwicklungsschüben gibt es psychosoziale Entwicklungsstufen.

In jeder Entwicklungsstufe warten neue Herausforderungen. Wer diese bewältigt, hakt sie ab und ist reif für die nächste Stufe. Gelingt das nicht, entsteht eine Krise. Dieser Zustand wirkt sich negativ auf spätere Phasen aus, da man sich mit unbewältigten Problemen herumschlägt.

Erikson hat sein Modell negativ ausgerichtet, was vermutlich etwas mit seiner Lebensgeschichte zu tun hat. Wäre die anders gelaufen, hätte er von Übergängen, Wendepunkten und den damit verbundenen Chancen gesprochen. Die Kritik am Phasenmodell möchte ich nicht unterschlagen: Manche meinen, die Phasenlehre hätte eine Nähe zum Horoskop. Alles sei so vage, dass jeder etwas auf sich beziehen könne.

Krisen meistert man am besten, indem man ihnen zuvorkommt. Den Kindheitskrisen konnten wir nicht zuvorkommen, und manche werden sie ihr Leben lang nicht mehr los. Von Phase zu Phase nehmen die Möglichkeiten zu, sich in Probleme zu verwickeln oder ihnen aus dem Weg zu gehen. Wer in der letzten Phase in eine Krise gerät, ist selber schuld. Zum Glück kann sich dieses Unglück nicht mehr fortpflanzen.

Erste Phase: Der Anfang

Im Leben stellen sich bereits von Geburt an viele Herausforderungen, durch die wir in Identitätskrisen geraten können. Ob wir gleich zu Beginn vor Problemen stehen oder nicht, hängt von unserem Griff in die Lostrommel ab. Manche ziehen das große Los, andere haben Pech und ziehen eine Niete. Der Gerichtsreporter *Hans Holzhaider* (2012) meint: „Wenn ich die Beziehungstäter ausklammere, all jene Männer und Frauen also, die nach einer oft sehr langen Leidensgeschichte ihren Lebenspartner töten, dann war unter den vielen Mördern, die ich in 16 Jahren als Gerichtsreporter erlebt habe, nicht einer, der von einer glücklichen, von Liebe und Fürsorge geprägten Kindheit erzählt hat." Seine Erfahrungen aus hundert Mordprozessen haben ihn eine Theorie bilden lassen: „Sie lautet, dass Gewaltkriminalität in den meisten Fällen etwas mit der Suche nach Liebe zu tun hat. Dass ein Mensch, dem als Kind die bedingungslose Liebe, auf die es Anspruch hat, vorenthalten wurde, nahezu alles tun wird, um sich diese Liebe zu verschaffen, und sei es, ein schreckliches Paradox, mit brutaler Gewalt." Doch nicht jeder, dem die bedingungslose Liebe vorenthalten wurde, wird zum Mörder, nicht jede unglückliche Kindheit mündet in einer verkrachten Existenz. Auch eine glückliche Kindheit ist keine Garantie für ein glückliches Leben.

In der ersten Lebensphase sind wir alleine nicht überlebensfähig und auf fremde Hilfe angewiesen. Wer eine verlässliche Fürsorge erlebt, kann Urvertrauen entwickeln. Die aufrichtige Liebe der Bezugspersonen ist die Basis für eine stabile Identitätsentwicklung und ermöglicht es uns, ohne größere Identitätsprobleme durch die ersten Jahre zu kommen und keine Folgeschäden in spätere Lebensphasen zu schleppen.

Für ein Kind mit Urvertrauen ist die Welt ein sicherer Ort mit verlässlichen und liebevollen Menschen. Wer sich auf andere verlassen und ihnen vertrauen kann, entwickelt Selbstvertrauen.

Ein Urmisstrauen entsteht, wenn das Kind von seinen Bezugspersonen vernachlässigt wird, also wenn Nähe, Wärme, Zuwendung und Sicherheit fehlen.

Der kindliche Anspruch auf bedingungslose Liebe ist von Eltern schwer zu erfüllen, aber das andauernde Bemühen lohnt sich. Denn wer nur dann emotionale und körperliche Streicheleinheiten bekommt, wenn er die Bedingungen der Personen erfüllt, von denen er abhängig und auf deren Zuneigung er angewiesen ist, bekommt früh die fatale Überzeugung, dass es nicht auf das „Wer bin ich?" ankommt, sondern auf das „Wie muss ich sein?".

Die nur unter bestimmten Bedingungen gewährte Liebe durch frühe Bezugspersonen kommt einer emotionalen Ausbeutung gleich. Die Forderungen bestehen in Leistung, Angepasstheit und Wohlverhalten. Die Opfer sind als Kinder strebsam, fügsam und nett und als Erwachsene auf Anerkennung, Lob und Bewunderung versessen, weil sie nur so wissen, wer sie sind. Der britische Kinderpsychiater *John Bowlby* (2014) fasst zusammen: „Wer in seinen ersten Lebensjahren nicht die frag- und bedingungslose Liebe und Fürsorge einer festen Bezugsperson erfährt, wird lebenslange seelische Schäden davontragen. Er hat sich in den Jahren, die seinen Charakter prägten, selber nicht als jemanden erleben können, der um seiner selbst willen geliebt wird; die Wunde in seinem Selbstbewusstsein wird nie ganz vernarben."

WAS bin ich? WIE bin ich? WOZU bin ich?

Ein hohes Selbstbewusstsein führt *Bowlby* in erster Linie auf ein sehr feinfühliges Pflegeverhalten zurück, weil es Kinder den Wert ihres Selbst spüren lässt. In seiner Bindungstheorie geht es fast ausschließlich um die Beziehung zwischen Mutter und Säugling: „Es ist die Mutter, die das Kind füttert und pflegt, die es wärmt und tröstet."

Inzwischen weiß man, dass auch der Vater für die kindliche Entwicklung eine bedeutende Rolle spielt. Wachsen Kinder ohne Vater auf, wirkt sich das auf sie negativ aus. So berichtet *Peter Sloterdijk*, dessen holländischer Vater, ein Matrose und Fernfahrer, sich ein paar Jahre nach seiner Geburt davonmachte: „Meine Zweifel am Genügen der eigenen Leistung sind vermutlich die dunkle Seite der Vater-Absenz. Wenn einer, der da sein sollte, so hartnäckig abwesend ist, kommt man nicht darum herum, in sein Fehlen eine schreckliche Missbilligung hineinzulesen" (2014, S. 52). *Erikson* hat das nie aufgeklärte Geheimnis seiner väterlichen Wurzeln lebenslänglich umgetrieben, wenn man seiner Tochter glauben darf: „Mein Vater litt sehr unter dem Gefühl, bei seinem leiblichen Vater unerwünscht und von seiner eigenen Mutter betrogen worden zu sein, weil es ihr nicht gelang, ihm zu helfen, mit diesem gewaltigen Verlust fertig zu werden." Schlimm war nicht nur, dass sein wirklicher Vater ihn verlassen hatte, sondern dass dieser nie den Versuch unternommen hatte, seinen Sohn kennenzulernen. Nach Ansicht der Tochter hatte ihr Vater sogar Angst davor, seinen eigenen Vater zu suchen. Sie meint, eine mögliche tatsächliche Ablehnung hätte sich noch niederschmetternder ausgewirkt als das Gefühl, im Stich gelassen worden zu sein.

Die erste Phase der Identitätsentwicklung reicht bis zum Alter von fünf oder sechs Jahren. In dieser Zeitspanne kann einiges schiefgehen, und manche haben lebenslänglich daran zu knabbern. Schuld sind immer die anderen. Ausnahmsweise stimmt das für diese Phase uneingeschränkt.

Zweite Phase: Der Übergang

Die zweite Phase umfasst in etwa die Jahre von Sechs bis Zwölf und birgt neue Gefahren für das Durchleben von Identitätskrisen. Eigentlich ist es nach den stürmischen biologischen Entwicklungsschüben der ersten Phase eine eher unspektakuläre Zeitspanne, sie wird deshalb auch Latenzphase genannt oder Vorpubertät. Latenz meint eine friedlich-ruhige Übergangsphase der sexuellen Entwicklung und Vorpubertät eine Art Ruhe vor dem Sturm. Ganz so ruhig geht es in dieser Phase allerdings nicht zu. Das Schulkind muss lernen, mit Erfolg und Misserfolg umzugehen. Wer Leistung zeigt, hat Erfolgserlebnisse, das fördert die Selbstsicherheit, und der Erfolg schafft den nächsten Erfolg. Wer versagt, macht Bekanntschaft mit dem Gefühl der Minderwertigkeit. Das kann sich zum Minderwertigkeitskomplex verfestigen, was den häufigsten Identitätskonflikt der Latenzphase darstellt. Ausgangspunkt ist eine tatsächliche oder eingebildete Unzulänglichkeit wie schlechte Schulleistungen oder Unzufriedenheit mit dem eigenen Aussehen, was auch Hänseleien zur Folge haben kann. Wer vom Schicksal oder von Mitmenschen schlecht behandelt wird, muss sehen, wie er damit klarkommt. Eine Möglichkeit wäre, die Herabsetzung einfach zu ignorieren. Das wird nur Geschöpfen mit sonnigem Gemüt und dickem Fell gelingen, den meisten als Schulversager abgestempelten Kindern gelingt es eher nicht. Sie werden vor der Misserfolgsspirale kapitulieren und resignieren.

Wer sich bemüht und nicht dafür belohnt wird, fragt sich, warum er sich überhaupt anstrengen soll, gibt auf und versucht es nie wieder.

Ignorieren und resignieren funktioniert allerdings nicht, wenn das nagende Gefühl der Minderwertigkeit auf starke implizite Motive prallt; wenn sich ein starkes unbewusstes Leistungsmotiv durch widrige Umstände in Elternhaus oder Schule nicht entfalten kann oder das unbewusst drängende Machtmotiv gedeckt wird. Kompensieren kann dann irgendwann die lähmende Phase der Resignation beenden, und der Minderwertigkeitskomplex entwickelt sich möglicherweise sogar zur „Karriere-Kanone unterm Hintern" (*Werner Birkenmaier*). Ob ein „minderwertigkeitsbefeuerter" Erfolg glücklich macht oder mit einer Verkrampfung erkauft wird, ist eine andere Frage.

Dritte Phase: Der Umbruch

Während der Altersspanne von etwa Zwölf bis Achtzehn wird das Leben durcheinandergewirbelt. „Es ist ein ganz besonderer Moment: das Ende einer Welt. Man stürzt in ein anderes Universum hinein, und zwar urplötzlich, als zöge man über Nacht in ein anderes Haus", beschreibt es der Schweizer Comiczeichner *Zep*. Beim Übergang von der Kindheit in die Erwachsenenwelt hängt man in der Luft. Man will sich von den alten Abhängigkeiten lösen, braucht sie aber noch. Man soll eine neue

Autonomie ausfüllen, ist darin aber ungeübt. Mein Namensvetter, der Journalist *Axel Rühle* (2005), weiß:

„Die Pubertät ist eine groteske Zeit. Man wäre so gern jemand anders und muss doch in die Gruppe passen. Man soll sich selbst entwerfen und steht doch meist neben sich. Man ist plötzlich größer als die Erwachsenen und benimmt sich kindischer denn je."

Pubertät, Jugendzeit und Ablösung vom Elternhaus bringen eine ganze Reihe von Entwicklungsaufgaben mit sich, und jede einzelne enthält Konfliktpotenzial. Man muss mit dem eigenen Körper klarkommen und ihn akzeptieren, einen Freundeskreis aufbauen, intime Beziehungen aufnehmen, sich vom Elternhaus lösen, Zukunftsvorstellungen entwickeln. Man weiß nicht, wer man ist, wohin man gehört und was man will, und soll das alles herausfinden. Wenn es gut läuft, endet dieses „Herantasten an den Menschen, der man sein will", wie *Raphael M. Bonelli* (2014) die Funktion der Pubertät sieht, nach einigen Achterbahnfahrten in einer integrierten Identität. Das heißt, man ist sich über sich selbst einigermaßen klar und hat seinen Platz in der Gesellschaft gefunden oder ist zumindest auf dem Weg dorthin.

Ein stabiles Selbstwertgefühl ist bei den zu bewältigenden Herausforderungen eine große Hilfe, oft fehlt es aber in dieser Phase. Deshalb kann eine zeitlich begrenzte und vorübergehende Selbstüberschätzung in den labilen Zeiten des Übergangs für eine gesunde Entwicklung hilfreich sein.

Dagmar Knopf (2011, S. 14) meint: „Heranwachsende mit einem übersteigerten Selbstwertgefühl glauben an sich und ihre Chancen in der Welt. Ohne diesen unerschütterlichen Optimismus wäre es schwerer für sie, sich in der Welt der Ansprüche und Anforderungen zurechtzufinden und einen Platz dort behaupten zu wollen. Die Umwelt respektiert anscheinend die Entwicklungsphase des Erwachsenwerdens als besonders schwierig und straft eine grenzenlose Selbstverliebtheit in diesem Stadium nicht ab. Erst dann, wenn erwachsene Menschen weiterhin narzisstisch sind, toleriert die Umwelt ihr Verhalten nicht mehr so einfach." Wenn es damit irgendwann vorbei ist, sind Größenphantasien und Ruhmsucht in dieser Phase erlaubt. „Wir alle wollen bewundert werden, aber der Hunger nach Bewunderung scheint auffällig anzusteigen, wenn die Kinder in die Pubertät kommen. Testosteron ist ein soziales Hormon, erhöht den Appetit auf Status", weiß Kinderarzt *Ronald E. Dahl*, Professor für Gesundheitswesen und menschliche Entwicklung an der Uni Berkeley (2014, S. 9). „Es ist besonders stark ausgeprägt unter gleichaltrigen Jugendlichen, aber ebenso wollen sie auch von Lehrern, Eltern, Trainern bewundert werden. Es geht darum, die eigene Nische zu finden, sei es als Sportler, Künstler, Schreiber oder Tänzer. Wenn die Teenager experimentieren, um herauszufinden, wer sie eigentlich sind, dann testen sie auch den Markt. Womit erlange ich Aufmerksamkeit? Was ist erstrebenswert? Und auf keinen Fall darf es peinlich sein. Die Biologie ermuntere sie, neue Sachen auszuprobieren, und wenn sie dabei Applaus kriegen, werden sie es wieder tun, selbst wenn es gefährlich ist."

Der um seine Identität und um seinen Platz in der Welt ringende Jugendliche fühlt sich verunsichert.

Der Psychiater *Hans-Jürgen Wirth* (2015, S. 100) weist in seiner Untersuchung über die Zusammenhänge von Narzissmus und Macht darauf hin, dass dem Verunsicherten in dieser schwierigen Übergangsphase Größenphantasien helfen, „in denen er sich als der Größte, Klügste und als Retter der Menschheit phantasiert". Das nutzt er als eine Art Probehandeln und lotet neue Rollen und Identitäten aus. Wird er von der Realität zu schnell desillusioniert und sieht er keine Chancen, seine Phantasien selbst umzusetzen, delegiert er sie an gesellschaftliche Gruppen, an religiöse oder politische Gemeinschaften, an Fanclubs. „Um den Preis der Anpassung an ihre Vorgaben erhält das Individuum soziale Anerkennung und somit eine Steigerung seines Selbstwertgefühls. Wenn es schon nicht Ehre, Ruhm und soziale Anerkennung aus eigener Kraft erreichen kann, sichert ihm die Zugehörigkeit zur Institution eine gesellschaftliche Stellung, die mit Ansehen verbunden ist."

Vierte Phase: Der Aufbruch

Jetzt geht es richtig los, die Rush Hour des Lebens beginnt. Die Verwirrungen und Irrungen des Umbruchs sind vorbei – hoffentlich. Von den Eltern hat man sich emotional und finanziell einigermaßen emanzipiert. Beruflich und privat setzt man eigene Zeichen, steigt in den Beruf ein und gründet eine Familie. *Erikson* tut sich schwer, für diese Phase des frühen Erwachsenenalters (vom 18. bis 45. Lebensjahr) Identitätskrisen zu benennen. Zum Glück springen andere in die Bresche und malen kleine Teufel an die Wand. *Hermann Schreiber* (2005), der mit der Midlife-Crisis die populärste Identitätskrise nach Deutschland importiert hat (die beschäftigt uns in der anschließenden fünften Phase), diagnostiziert inzwischen auch eine Art Quarterlife-Crisis, eine Viertellebenskrise:

> Den jungen Leuten habe man immer wieder gesagt, sie hätten das ganze Leben noch vor sich und das genau sei ihr Problem. „Sie sind hoffnungsvoll, aber gleichzeitig starr vor Schreck." Die Fülle der Optionen und der zu treffenden Entscheidungen raubt ihnen die Orientierung.

„Nach beinahe zwanzig Jahren im geschützten Raum der Schule, oder noch mehr Jahren einer akademischen Ausbildung, erleiden viele Absolventen eine Art Kulturschock. Bisher hat man ihnen das Gefühl vermittelt, sie könnten letztlich alles erreichen, und nun sehen sie, dass längst nicht alles zu erreichen ist. Wohl haben sie eine Menge Möglichkeiten, aber welcher Weg für sie der richtige ist, das wissen sie offenbar nicht." Manche haben sich bei ihrer Berufswahl auch von den späteren Beschäftigungschancen leiten lassen und sind in einem Job gelandet, für den sie ungeeignet sind, der ihren wahren Motiven und Talenten nicht entspricht.

Die Fülle der Möglichkeiten hat eine Kehrseite. Wer sich für etwas entscheidet, für einen Beruf, für einen Partner, für einen Arbeitgeber, für einen Wohnort, entscheidet sich gleichzeitig gegen alle anderen Möglichkeiten. Wäre da im Nachhinein nicht etwas Besseres möglich gewesen? Hat man leichtfertig Chancen vergeudet?

Für die amerikanische Autorin *Gail Sheehy* ist ein zu schneller Identitätstausch für die Identitätskrise in dieser Phase verantwortlich. Kaum haben wir unsere alte Identität als Sohn oder Tochter aufgegeben, sind wir schon auf der Suche nach einer neuen, weil wir etwas beibehalten wollen, was wir so genossen haben: Sicherheit.

Wir geben uns zu wenig Gelegenheit, uns zu entfalten, tauschen zu schnell eine Bindung gegen eine andere, und ein Partner ersetzt uns die Eltern. Wir fliehen zu schnell in einen Beruf, ehe wir uns Zeit genommen haben, unsere Talente zu erproben.

Gail Sheehy meint, wer glaubt, auf diese Weise der Krise entkommen zu können, irrt. Er wird seine Identitätskrise später nachholen, möglicherweise mit schwerwiegenden Folgen.

Fünfte Phase: Die Mitte

Die fünfte Phase entspricht der Lebensspanne von etwa 45 bis 65 Jahren, und wenn es tatsächlich die Mitte wäre, müssten wir 90 bis 130 Jahre alt werden. Die berühmte Midlife-Crisis ist also die Krise nach der Lebensmitte. Wissen Sie überhaupt, was eine Midlife-Crisis ist?

„Aber sicher wissen Sie, was eine Midlife-Crisis ist. Das weiß doch jeder. Wenn der seit zwanzig Jahren solide verheiratete, beruflich erfolgreiche Architekt (oder Arzt oder Kaufmann oder was auch immer) sich plötzlich einen Porsche oder eine Harley kauft, Lederjacke statt Dreiteiler trägt, zehn Kilo abnimmt, den Beruf wechselt und mit einer Frau durchbrennt, die ungefähr so alt ist wie seine älteste Tochter – dann hat der seine Midlife-Crisis. Nicht wahr?"

So erfrischend beschreibt *Hermann Schreiber* (2005, S. 1), was man in einer Identitätskrise anstellen kann. Ihm selbst war das wohl zu anstrengend. Er hat sich in dieser kritischen Phase nicht mit einer jungen Frau in den Porsche gesetzt, sondern an den Schreibtisch. Mit 49 war sein Buch „Die Krise in der Mitte des Lebens" fertig, und er konnte sich, zusammen mit *Gail Sheehy*, als Entdecker der Midlife-Crisis feiern lassen. Diese „Schwellenangst vor dem Überschreiten der Grenze zwischen dem Ende des Aufwachsens und dem Beginn des Altwerdens" hält Schreiber für die schwierigste Identitätskrise.

Die Midlife-Crisis ist eine Art Bilanzkrise mit den Fragen: War das alles? War es das wert? Was vom ursprünglich Erhofften habe ich überhaupt erreicht? War das Erreichte die Opfer wert? Soll alles weitergehen wie bisher? Könnte man mit dem restlichen Leben mehr anfangen? Was geht jetzt überhaupt noch?

Den Narzissten trifft diese Lebensphase, in der die Jugendlichkeit verloren geht, besonders hart. Das sich ankündigende Alter mit dem drohenden körperlichen Verfall und der Vergänglichkeit ist für ihn ein katastrophaler Schicksalsschlag. Er wurde nie richtig erwachsen, war immer scharf auf Bewunderung und Selbstbestätigung von außen. „In der zweiten Lebenshälfte wird der verheerende Effekt des Narzissmus offenbar", konstatiert der Narzissmusexperte *Christopher Lasch*. Manche Narzissten werden in dieser Phase depressiv, andere schaffen sich einen neuen Lebensinhalt und starten eine Karriere als Querulant.

Der typische Querulant ist ein Mann in der zweiten Lebenshälfte, bei dem einiges zusammenkommt. Sein Narzissmus ist garniert mit paranoiden, zwanghaften und dramatischen Zügen. Er hat wahnhaften Vorstellungen, ist ein Erbsenzähler und neigt zur Übertreibung. Seine Zwischenbilanz fällt dürftig aus, ist ein Fiasko. Hoffnungen und Erwartungen haben sich nicht erfüllt, die Zeit läuft davon. Eine Neujustierung gelingt nicht. Dazu müsste er alte Erwartungen beerdigen und sich neue Ziele setzen. Das verbietet ihm sein Narzissmus, das würde seine Grandiosität in Frage stellen. In seinen wahnhaften Ideen schiebt er den anderen die Schuld an seinem Misserfolg in die Schuhe. Dann braucht es als Auslöser nur noch eine kleine Ungerechtigkeit, die man ihm angetan hat oder die er sich einbildet, und die neue Karriere beginnt. Er wird zum Behördenschreck, zur Geisel von Vermietern und Hausverwaltungen, drangsaliert Garantieabteilungen mit Gewährleistungsansprüchen und beschäftigt Rechtsanwälte und Gerichte – und verschafft dem Kriminalpsychologen *Jens Hoffmann* (2015), dem wir diesen Einblick in die querulatorische Seele verdanken, und seinem Institut für Bedrohungsmanagement den einen oder anderen Auftrag.

Alles in allem sonnt sich der querulatorische Narzisst in der überreichen Aufmerksamkeit, die ihm seine neue Identität, sein neuer Lebensinhalt bringt.

Nicht nur Querulanten neigen dazu, andere für ihre Probleme verantwortlich zu machen. Manche Kinder, bei denen es im Leben nicht so gelaufen ist, wie sie sich das erhofft hatten, hadern lebenslänglich mit ihren Eltern. Ob zu Recht oder zu Unrecht ist in der Mitte des eigenen Lebens langsam egal.

Spätestens jetzt sollte man aufhören, seine Probleme den Eltern anzulasten. Wer nicht irgendwann die Verantwortung für sich selbst übernimmt, macht sich lächerlich.

Sechste Phase: Das Ende

Das Ende umfasst zwei Enden. Für das erste Ende gibt es einen Termin, für das zweite nicht. Die sechste Phase beginnt mit dem Berufsende und endet mit dem Tod. Der Tod soll das einzig Sichere im Leben sein, aber das stimmt nicht. Der Ausstieg aus dem Berufsleben, die Pensionierung, ist genauso sicher wie der Tod.

Für die meisten Beschäftigungsverhältnisse steht von Anfang an fest, wann Schluss ist. Deshalb ist der Pensionsschock für mich unerklärlich. Warum löst ein Ereignis, das seit Jahrzehnten bekannt ist, einen Schock aus?

Selbständigen, Freiberuflern und Unternehmern bleibt eine geniale Möglichkeit, dem Pensionsschock zu entgehen. Sie legen den Abschied aus dem aktiven Arbeitsleben mit dem Tod zusammen. Dann ist das Ende zwar ungewiss, aber trotzdem sicher; und der Schock wird an die Hinterbliebenen delegiert.

Das Berufsende hat Krisenpotenzial, weil mit diesem Lebensereignis nicht selten eine Identitätslüge auffliegt.

Leute, die sich während ihres Berufslebens bedeutend vorkamen, werden plötzlich von Einladungslisten gestrichen und erkennen schmerzlich, dass das Interesse ihrer Position galt und sie als Person unwichtig waren und schnell vergessen sind. „Ein Politiker ist für Journalisten in der Sekunde nicht mehr interessant, in der er seine Machtposition verloren hat", weiß der abgesägte CSU-Parteichef *Erwin Huber* aus eigener Erfahrung. Es ist schön, wenn jemand großen Spaß am Beruf hat und im Beruf aufgeht. Gibt es aber außerhalb des Berufes kein Leben, dann wird es problematisch, wenn es den Beruf nicht mehr gibt. Das ist keine Identitätslüge, sondern ein Identitätsbankrott.

Die Endphase ist eingeläutet, wenn man sich in Todesanzeigen für Geburtstage interessiert. Kürzlich bin ich auf meinen eigenen Jahrgang gestoßen, war aber nur kurz irritiert, weil sich der Verstorbene folgendes Motto, das auf Epikur zurückgeht, gewünscht hatte: „Der Tod geht mich eigentlich nichts an. Denn wenn er ist, bin ich nicht, und solange ich bin, ist er nicht."

SELBSTERKUNDUNG

- In welcher Lebensphase befinden Sie sich und wie kommen Sie mit den Herausforderungen der aktuellen Phase zurecht?

- Welche Erkenntnisse besitzen Sie zu vorausgegangen Phasen, leiden Sie unter unbewältigten Problemen aus Vorphasen?

- Hadern Sie mit Ihren Erziehungsagenten, und sollten Sie langsam damit aufhören, Ihre Probleme anderen anzulasten, und anfangen, sie selbst zu lösen?

- Welche Lebensphasen und welche möglichen Herausforderungen warten auf Sie?

- Krisen meistert man am besten, indem man ihnen zuvorkommt! Was können Sie mit diesem Spruch anfangen?

Notizen:

....

....

....

....

2.3

Ruhm schützt nicht vor Identitätskrisen

„Seit vielen Jahren beschäftige ich mich mit dem Thema Ruhm. Mein Vater wurde berühmt, als ich dreizehn Jahre alt war, und seine Berühmtheit hat seitdem wirklich jeden Aspekt meines Lebens beeinflusst." So beginnt die Märchenprinzessin ihr Buch, mit dem sie ihrem grandiosen Vater ein Denkmal setzt und von ihrer glücklichen Kindheit in einem guten Elternhaus erzählt. Von wegen. *Sue Erikson Bloland* gibt dem Buch mit den Erinnerungen an ihren Vater *Erik H. Erikson* den düsteren Titel „Im Schatten des Ruhmes" und berichtet vom Missverhältnis zwischen dem rühmlichen öffentlichen Schein und einem unrühmlichen privaten Sein. Im väterlichen Glanz konnte sich die Tochter weder sonnen noch wärmen, im Schatten des Ruhmes hat es sie gefröstelt: „War er wirklich so etwas wie ein Gott, durchdrungen von den magischen Kräften, die seine Bewunderer ihm zuschrieben? Oder war er jene komplexe Persönlichkeit, deren menschliche Schwächen für mich stets so offenkundig gewesen waren?" Diesen Fragen verdankt sie ihr Lebensthema. Sie will nicht nur über ihre eigene Identitätskrise, ihr eigenes Schattendasein nachsinnen, sondern das Wesen des Ruhmes erforschen und herausfinden, welche Realität sich hinter dem öffentlichen Bild berühmter Menschen verbirgt.

Ihre Eltern hatten das Höchste erreicht, was man sich vom Leben erhoffen kann. Dem gutaussehenden jungen Psychoanalytiker war mit dem Buch „Kindheit und Gesellschaft" der Durchbruch gelungen. Das ungeheure Echo seines Buches verschaffte ihm den Status eines Sozialvisionärs. Seine attraktive und charmante Frau stammte aus dem englischsprachigen Teil Kanadas und hatte dafür gesorgt, das unvollkommene Englisch ihres mit Deutsch als Muttersprache aufgewachsenen Mannes „in jene anmutige Prosa zu verwandeln, die zum Kennzeichen seiner schriftstellerischen Laufbahn werden sollte". Die Tochter beobachtete, wie der Erfolg für beide zum Eckstein ihres Selbstwertgefühls und Wohlbefindens wurde und wie abhängig sie vom erreichten Ruhm waren sowie vom idealisierten Bild, das sie als Traumpaar in der Öffentlichkeit abgaben.

Die Tochter lässt uns mit ihrem Insiderwissen hinter die Kulissen blicken und lüftet das Geheimnis des elterlichen Erfolges. Beide waren in ihrer Kindheit Außenseiter und litten unter dem Gefühl, nicht geliebt zu werden. Beide flüchteten sich in Größenphantasien und träumten von einer glänzenden Zukunft, als Verteidigung gegen die schmerzliche Erfahrung, von den Eltern abgelehnt und im Stich gelassen worden zu sein. Nach dem Kennenlernen offenbarten die beiden einander ihre ganz ähnlichen Phantasien, in die sie sich während ihrer einsamen und unglücklichen Kindheit geflüchtet hatten. Beide sahen im anderen einen potenziellen Verbündeten auf dem Weg zum glänzenden Erfolg, mit dem sie die Bewunderung ihrer Mitmenschen erringen würden und der sie von ihrer traumatischen Vergangenheit befreien sollte.

Der erträumte Durchbruch ist ihnen gelungen, aber ihre Vergangenheit wurden sie nicht los. Die Tochter spürte den verborgenen Schmerz, den ihre Eltern seit Kindheitstagen mit sich herumtrugen. Sie litt unter dem Zwiespalt zwischen der überwältigenden öffentlichen Wirkung ihrer Eltern und der düsteren Atmosphäre im Elternhaus. „Ich wusste bloß, dass immer dann, wenn keine Gäste da waren, die Stimmung in unserem Hause bedrückt und angespannt war. Wenn dann aber Gäste kamen, waren meine Eltern wie verwandelt. Mir war schon damals klar, dass der Umgang mit Freunden, von denen sie bewundert wurden, ihnen neue Lebensfreude gab, sie bestätigte und ihnen eine Befriedigung verschaffte, die sie im Familienleben nie finden konnten."

Ist ein großes Problem die Grundlage für späteren Ruhm? Oft entstehen aus Kindheitstragödien mächtige Antriebe für spätere außergewöhnliche

Leistungen. Motivationskräfte werden freigesetzt, ein schöpferischer Drang entsteht, um die kindlichen Phantasien nach Erfolg, Großartigkeit und Grandiosität im Erwachsenenalter zu verwirklichen. Die erreichte Berühmtheit bringt viele Vorteile und Annehmlichkeiten, aber der Ruhm heilt nicht. Das schwache Selbstwertgefühl bleibt desolat. Es wird durch den äußeren Erfolg nicht dauerhaft verändert. Die inneren Dämonen werden in Schach gehalten, nicht besiegt. Die vom Erfolg ausgelösten Phasen des Hochgefühls beseitigen die innere Leere nicht, schaffen sogar ein neues Problem, führen zu einer emotionalen Abhängigkeit: „Und hat der Betroffene erst einmal geschmeckt, wie er sich Erleichterung verschaffen kann, dann verstärkt das bei ihm den Wunsch, diese angenehme Erfahrung, die seinen emotionalen Schmerz zu bannen vermag, immer wieder zu machen." So wird weder der Wunsch nach Beifall gestillt noch das Selbstgefühl dauerhaft gestärkt. Ruhm macht ruhmsüchtig. Der öffentliche Applaus, die Anerkennung und Verehrung führt einerseits zu einer zeitweiligen Befriedigung, erzeugt andererseits aber einen Drang nach mehr. Eine anhaltende Zufriedenheit stellt sich nicht ein. Spätestens am Ende eines berühmten Lebens, wenn die Scheinwerfer ausgehen, kommen die inneren Dämonen wieder hoch. Auch Kritik wirkt sich fatal aus. Normalerweise gilt die Kritik, ob zu Recht oder zu Unrecht, dem Werk. Aber der berühmte Schöpfer nimmt sie persönlich, sie trifft ihn in seinem selbstunsicheren Mark.

Problematisch findet *Sue Erikson Bloland* die mit dem Ruhm verbundene Heldenverehrung. Die Verehrer wollen am fremden, glanzvollen Schein ihr eigenes, kümmerliches Sein aufrichten, brauchen Idole, um ihrem unbefriedigenden Dasein zu entkommen. Die verehrten Helden sonnen sich im Glanz der erfahrenen Aufmerksamkeit. „Ein grandioses Selbstgefühl ist an sich schon etwas Zerbrechliches, und es bedarf ohnehin der ständigen Unterstützung durch andere Menschen, die aufgrund ihrer eigenen Bedürftigkeit dazu beitragen, die Idealisierung aufrechtzuerhalten." Aus eigener Erfahrung und als Ergebnis ihrer Ruhmforschung kennt *Sue Erikson Bloland* das Auseinanderklaffen von öffentlicher magischer Aura und privater, oft dürftiger Realität. Sie weiß, dass Berühmtheiten, auch berühmte Kinderpsychiater, in Wirklichkeit auch nur Menschen sind. „In Wirklichkeit war er ein ungeschickter Vater. Wegen seiner Reizbarkeit in jenen Jahren wusste ich nie, was ich von einem Augenblick auf den anderen von ihm zu erwarten hatte; aber er konnte auch sehr warmherzig sein und respektierte die Dinge, die mir wichtig waren, und manchmal war er auf eine scheue Weise zärtlich."

Sue Erikson Bloland rät:

Wer einer anderen Person einen Heldenstatus verleiht, wer berühmte Leute vergöttert, will sich selbst erhöhen, erniedrigt sich aber und entwertet sein eigenes Leben.

Feiern wir lieber uns selbst, statt Helden zu verehren, Wir haben mehr davon, wenn wir uns selbst entdecken, uns unserer einzigartigen Eigenschaften und Fähigkeiten bewusst werden, unsere eigene Macht erkennen, die Beziehungen zu wichtigen anderen Menschen pflegen und uns um eine sinnerfüllende Arbeit bemühen.

SELBSTERKUNDUNG

- Träumen Sie von Erfolg und Ruhm, und welche Probleme wollen Sie damit lösen?
- Neigen Sie zur Heldenverehrung, vergöttern Sie Idole, und was haben Sie davon?
- Wie können Sie es anstellen, sich selbst zu feiern?
- Sind Ihnen Ihre einzigartigen Eigenschaften und Fähigkeiten bewusst?
- Sollten Sie mehr in die Beziehungen zu anderen Menschen investieren?
- Ist Ihre Arbeit sinnerfüllend, und welche Möglichkeiten der Sinnstiftung sehen Sie?

Notizen:

....

....

....

....

....

....

....

....

....

3

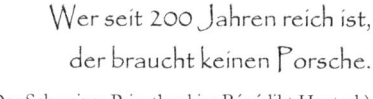

Wie stabil ist Ihr Identitätsfundament?

Wer seit 200 Jahren reich ist,
der braucht keinen Porsche.
(Der Schweizer Privatbankier Bénédikt Hentsch)

Für *Sten Nadolny* ist die Identität eine Reise, kein Ort. Unsere Identität ist im Fluss, sie ändert sich lebenslänglich. Wir sind unterwegs, aber auch zu Hause. Wir leben in Verhältnissen, in sicheren, unsicheren, komfortablen, geordneten oder prekären. Manche leben über ihre Verhältnisse, andere können es sich leisten, unter ihren Verhältnissen zu bleiben. Wir besitzen eine Existenz, eine strahlende, eine gesicherte, eine fragwürdige oder eine verkrachte. Wir gehören zu den oberen Zehntausend oder zu den unteren, befinden uns zufrieden in der Mitte der Gesellschaft, wollen nach oben oder haben Angst vor dem Abstieg.

WAS bin ich? WIE bin ich? WOZU bin ich?

In welcher Lebenswelt sind Sie daheim? Ist ein diskreter Schweizer Privatbanker scharf auf die Verwaltung Ihres Familienvermögens? Oder würde der Sie an den Fondsverkäufer der Stadtsparkasse weiterreichen? Können Sie sich einen Porsche leisten? Oder können Sie sich ihn nicht leisten, weil Sie seit zweihundert Jahren reich sind? Würde so ein Statussymbol Ihre Identität beleidigen, weil Sie Status besitzen, aber nicht zeigen?

3.1

Fünf Säulen der Identität

Mit den fünf Säulen von *Hilarion G. Petzold* (2012) entdecken wir die existenzielle Seite unserer Identität.

IDENTITÄT				
Körper	**Soziales Netzwerk**	**Arbeit und Leistung**	**Materielle Sicherheit**	**Werte und Sinn**
Aussehen	Beziehungssysteme	Ausbildung	Gesichertes	Ideale
Körpergefühl	Wichtige Menschen	Kompetenz	Einkommen	Werthaltungen
Gesundheit	Familie	Karriere	Nahrung	Weltanschauung
Traumatisierungen	Freunde	Engagement	Kleidung	Religion
Gewalterfahrungen	Kollegen	Arbeitszufriedenheit	Wohnung	Spiritualität
Missbrauch	Nachbarschaft	Herausforderung	Medizinische	Lebensziele
	Vereinskameraden		Versorgung	

Wir klopfen die Lebensbereiche ab und prüfen ihre Statik. Existenzielle Identitätskrisen entstehen, wenn Säulen bröseln oder wegbrechen. Es gibt Gesundheitsprobleme, Beziehungskrisen, Arbeitslosigkeit, Geldprobleme und Sinnkrisen. Sind die anderen Säulen tragfähig genug, wenn eine schwächelt?

Erste Identitätssäule: Körper

Diese Säule besteht aus dem Körperlichen, der Gesundheit, dem Körpergefühl, dem Aussehen, aber auch aus der psychischen Stabilität und der geistigen Leistungsfähigkeit. Ohne Körper ist nichts. „Die Identität lässt sich am wirkungsvollsten einschränken, disziplinieren und vernichten durch die Bestrafung und Zerstörung des Leibes", sagt der *Petzold*-Jünger *Helmut Kames* (2011). Das wissen auch die Folterknechte dieser Welt. Die Opfer von Gewalt und Missbrauch werden nicht nur körperlich gequält, sondern auch massiv in ihrer Identität getroffen.

Helmut Kames will die Identitätssäulen per Fragebogen erfassen. Seine Fragen zum körperlichen Identitätserleben habe ich modifiziert und ergänzt:

SELBSTERKUNDUNG

- Bin ich gesund oder krank?
- Bin ich robust oder anfällig?
- Bin ich stabil oder labil?
- Fühle ich mich gut und lebendig?
- Fühle ich mich in meiner Haut wohl?

97

WAS bin ich? WIE bin ich? WOZU bin ich?

- Bin ich in meinem Körper zu Hause, bin ich mit mir identisch?
- Finde ich mich schön oder hässlich?
- Akzeptiere ich meine körperlichen Eigenarten?
- Hätte ich gerne einen anderen Körper oder andere Körperformen?
- Ist meine Sexualität befriedigend?
- Wie gut und sicher fühle ich mich in meine Rolle als Frau oder Mann?
- Führe ich Krieg gegen meinen Körper?
- Vernachlässige ich meinen Körper?
- Treibe ich Raubbau an meinem Körper?
- Gönne ich meinem Körper Ruhe und Ausgleich?
- Ist mein Körper mein „wertvollstes Tauschmaterial"?
- Ist mein Körper der Gegenstand allen Heils?

Notizen:

....

....

....

....

....

Für Fußballprofis, Balletttänzer oder Models ist der Körper für eine entscheidende Lebensspanne Gegenstand allen Heils. Ein Glück, wenn der Körper seine Nutznießer während der aktiven Zeit nicht im Stich lässt und wenn es einen Plan B für die Zeit danach gibt.

Körper und Attraktivität

Candice Huffine, 1984 in Washington geboren, wusste früh: Ich werde Model. Mit 14 gingen die ersten Fotos an Agenturen. Mit 15 startete sie in Deutschland ihre Karriere und landete im Otto-Katalog in der Abteilung „So bin ich", dem Versandhausangebot für Plus-Size-Frauen. Bis zum Vertragsangebot wusste sie nicht, dass es diese Kategorie gibt, und fand sich auch nicht übermäßig wuchtig. „Aber sie haben mir Fotos von anderen Models mit Übergröße gezeigt, die schön und sexy aussahen, dann dachte ich: Okay, prima, das mache ich" (2015, S. 54). Heute gehört ihr ein 1,80 m großer und ungefähr 85 kg schwerer Körper. Sie ist in der Kategorie der Plus-Size-Models weltweit erfolgreich. 2011 sah man sie auf dem Titelfoto der Vogue Italia. 2015 schaffte sie es in den Pirelli-Kalender, eine Art Ritterschlag in ihrer Zunft. Sie ist mit einem gesunden Selbstvertrauen ausgestattet: „Dass sich die Figur verändert, dass man mit 30 nicht mehr so aussieht wie mit 15, das ist nichts, was einem Angst machen muss." Sie will allen Frauen, egal welchen Alters oder welcher Größe, sagen: „Weg mit dem ganzen Druck wegen Gewicht oder Größe! Es gibt so viele andere Dinge, auf die man sich konzentrieren kann, über die man sich freuen kann. Ich finde: hey, wir sollten uns selbst so annehmen, wie wir sind!" Zu dieser Haltung passt auch ihre Definition von Schönheit:

„Der schönste Körper ist der, den man selber hat. Denn du hast ja keine Wahl, du hast nur diesen einen Körper."

Zum Glück mochte sich *Peter Sloterdijk* in seiner früheren Jugend nicht einfach so annehmen, wie er war. Er konnte sich beim Blick in den Spiegel auch nicht mit der Schönheitsdefinition von *Candice Huffine* trösten, die war damals noch nicht auf der Welt. Nicht auszudenken, wie sonst die Karriere des Philosophen verlaufen wäre. Den hat der Interviewer *Sven Michaelsen* an seiner Eitelkeit gepackt und aus der Reserve gelockt: „Begabungsforscher meinen, es gebe einen Humus der Kläglichkeit, der allen großen Köpfen am Beginn ihres Lebens gemein sei. Was war mit 15, 16 Ihr Minderwertigkeitskomplex?" Der große Kopf gab freimütig zu: „Früher, als man so etwas gern auf Griechisch ausdrückte, hätte man gesagt, ich sei leptosom gewesen, schwachleibig. Bei mir war der Blick in den Spiegel von jüngeren Tagen an eine hochmutsmindernde Maßnahme. Nie war ich sicher, ob ich mochte, was ich sah" (*Sloterdijk*, 2014, S. 45). Heute spielt der Großphilosoph nicht mehr in der Liga der halbverhungerten Leptosomen. Er ist, ich möchte es gern auf Griechisch ausdrücken, zu den wohlgenährten Pyknikern übergelaufen. Hat das Plus-Size-Model gewichtsmäßig geschlagen und seine eigene Hochmutsminderung längst überwunden.

Charles Handy pflegt eine subtile Form des Hochmuts, das Understatement. Nennt er doch seine Autobiographie bescheiden „Ich und andere Nebensächlichkeiten". Welcher Humus der Kläglichkeit befeuerte seine Karriere als Managementguru? War es auch bei ihm der Blick in den Spiegel? Vielleicht wurde ihm dabei klar, dass wir unsere Gene nicht loswerden: „Meine Eltern waren nicht hässlich, aber es war unmöglich, sie als gutaussehend zu bezeichnen." *Charles Handy* sollte an einer Konferenz teilnehmen, und die Sekretärin des Gastgebers rief an, um zu fragen, wie sie ihn erkennen könne. „Sie sprach mit meiner Frau, nahm aber an, sie hätte es mit meiner Sekretärin zu tun; und sagte: „Ich habe gehört, dass er ein rundlicher kleiner Mann ist." Frau Handy antwortete: „Ganz richtig, er ist ein rundlicher, kleiner und obendrein glatzköpfiger Mann" und erzählte das anschließend ihrem kleinen, rundlichen Glatzkopf. Der erhob Protest und erklärte, er sei gar nicht so klein und rund! Aber seine Frau sagte ihm, er solle nicht so eitel sein: „Wichtig ist nicht, wie du aussiehst, sondern wer du bist!" Sein Kommentar: „Mag sein, aber ich habe stets diese großen, gutaussehenden Burschen mit wallendem Haar beneidet und muss mir immer wieder in Erinnerung rufen, dass Julius Caesar klein, rund und kahlköpfig war und trotzdem die Welt eroberte. Und soweit die Historiker wissen, hielten ihn die Damen in Rom für sehr sexy" (*Handy*, 2007, S. 19).

Zweite Identitätssäule: Soziales Netzwerk

In welches zwischenmenschliche Beziehungsnetz bin ich eingebunden und wie tragen andere zu meiner Identität bei und ich zu ihrer? Wer sind die wichtigen Menschen, mit denen ich zusammenlebe oder zusammenarbeite, die mir etwas bedeuten und auf die ich mich verlassen kann? Das sind Lebenspartner, Familienmitglieder, Freunde, Kollegen, Nachbarn, Vereinskameraden, Parteifreunde, Glaubensschwestern und -brüder. Meine Identität wird aber auch bestimmt durch Menschen, mit denen ich nicht klarkomme, die mir nicht wohlgesonnen sind, die mir feindselig gegenüberstehen oder mir scha den wollen. Neben dem Körper sind die zwischenmenschlichen Beziehungen die zweitwichtigste Säule der Identität. Von Geburt an ist das soziale Netzwerk für Jahre von existenzieller Bedeutung, ohne andere Menschen überleben wir nicht.

Die folgenden Fragen erfassen die zweite Identitätssäule:

SELBSTERKUNDUNG

- Fühle ich mich im zwischenmenschlichen Kontakt gut und selbstbewusst?
- Bin ich integriert oder isoliert?
- Finde ich Kontakt und Nähe?
- Bin ich beziehungsfähig?
- Bin ich liebesfähig?
- Bin ich einsam?
- Bin ich eher Einzelgänger?
- Bin ich eher gesellig?
- Habe ich einen genügend großen Freundeskreis?
- Wie gut erreichbar sind die mir nahestehenden Menschen, räumlich und zeitlich?

Notizen:

....

....

....

....

Das befriedigende soziale Netzwerk ist ein Schutzfaktor gegen Stress, unbefriedigende zwischenmenschliche Beziehungen gelten als Risikofaktor.

Netzwerk und Persönlichkeit

Wie wir uns im sozialen Netzwerk positionieren, hängt von unseren Mitmenschen ab und von uns selbst, von unserer Persönlichkeitsstruktur. Aus unterschiedlichen Persönlichkeitsmodellen haben sich in den letzten Jahren fünf zentrale menschliche Eigenschaften herauskristallisiert, die sogenannten „Big Five": Fünf Faktoren, die sich im Laufe des Lebens nur wenig ändern, bestimmen unsere Persönlichkeit und unser Verhalten und wie wir uns im Umfeld aufführen und zurechtfinden.

Extraversion ist das wichtigste Persönlichkeitsmerkmal in der Auseinandersetzung mit unseren Mitmenschen.

Extravertierte Menschen sind nach außen gekehrte, kontaktfreudige, gesellige, gesprächige, lebhafte Zeitgenossen. Sie sind begeisterungsfähig, durchsetzungsfähig und selbstbewusst. Sie zeigen Tatendrang und können andere mitreißen, sind gute Netzwerker und kennen Gott und die Welt.

Die Introvertierten sind eher in sich gekehrt, zurückhaltend, ruhig, reserviert, wortkarg, scheu oder gar schüchtern und gehemmt. Sie kommen ganz gut alleine zurecht und brauchen nicht dauernd andere um sich.

Unsere *Verträglichkeit* sorgt dafür, wie gut wir mit unseren Mitmenschen auskommen. Verträgliche

Menschen gehen mit anderen freundlich, rücksichtsvoll, hilfsbereit und warmherzig um und sind nicht nachtragend. Unverträgliche verhalten sich eher grob, schroff und abweisend. Unter ihnen sind misstrauische, kritische, streitsüchtige Menschen.

Emotionale Stabilität bedeutet, man ruht in sich selbst, bleibt auch in stressigen Situationen gelassen und ist wenig anfällig für Sorgen und Ängste. Diese Menschen sind sorgenfrei, nicht schnell gestresst, gelassen, nicht ängstlich und haben Selbstvertrauen. Emotional Labile sind hingegen sorgenbehaftet, rasch gestresst, launenhaft, ängstlich, nervös und unsicher. Emotional Stabile sind weniger vom sozialen Netz abhängig, emotional Labile brauchen das stützende Umfeld.

Offenheit heißt, man ist neugierig, offen für neue Erfahrungen und vielseitig interessiert. Ein bodenständiger Mensch hält sich hingegen gerne an Bewährtes und liebt die Routine. Ein offener Mensch ist eher wissbegierig, phantasievoll, experimentierfreudig, originell und einfallsreich, ein bodenständiger eher uninteressiert, traditionsbehaftet und unkreativ. Offene Menschen sind auch offen für neue Kontakte. Wer weniger offen für Neues ist, fühlt sich im vertrauten Kreis wohl und tut sich mit Fremden schwer.

Unsere *Gewissenhaftigkeit* bestimmt, wie wir mit Arbeit und Zeit umgehen. Ob wir perfekt und geplant zu Werke gehen oder großzügig, flexibel und spontan. Menschen sind entweder diszipliniert, planvoll, organisiert, ordentlich, ausdauernd oder nachlässig, schludrig, unorganisiert, ablenkungsbereit.

Die Gewissenhaften sind aufgabenorientiert, ver-kriechen sich in die Arbeit und legen weniger Wert auf Networking.

Anders die Lässigen: Sie sind beziehungsorientiert und weniger aufgabenorientiert, pflegen beruflich und privat einen großen Bekanntenkreis. Kommt ein Lässiger mit seiner schludrigen Art in Schwie-rigkeiten, helfen ihm Leute aus seinem Beziehungs-netz aus der Patsche. Der Gewissenhafte kommt Krisen zuvor und ist auf Pannenhelfer weniger angewiesen.

Jetzt löse ich mein Versprechen aus dem Vorwort ein und kläre Sie darüber auf, warum ich mich für das Geltungsthema interessiere. Ich habe von der Gewissenhaftigkeit, vom Perfektionismus, einiges abbekommen und dieses Glück beruflich als Zeit-managementtrainer kräftig ausgeschlachtet. Der Psychotherapeut *Raphael Bonelli* (2014, S. 76) hat sich intensiv mit dem Perfektionismus auseinander-gesetzt. Er meint, der Perfektionist sei ein liebens-werter Mensch (da stimme ich ihm voll zu), aber er würde nicht so recht daran glauben, liebenswert zu sein (darüber denke ich nach). Perfektionisten seien misstrauisch, wenn sie auf das Geltungsbedürfnis anderer Menschen stoßen. Sie fragen sich, ob das nur Schein sei, aber nichts dahinter, ob es sich um leistungsloses Betrug handelt, um Hochstapelei. *Bonelli* meint, ein Perfektionist registriere empfind-lich, wenn andere ihn beeindrucken wollen. Er habe Angst, dass andere an ihm vorbeiziehen und ange-nommen werden und ihm das versagt bleibt. Könn-te man das als Neid auf die wahrgenommene Selbstsicherheit anderer deuten?

105

Dritte Identitätssäule: Arbeit und Leistung

Ich bin mein Beruf. Um es etwas komplizierter auszudrücken: Meine berufliche Identität ist eine Kombination aus Identifikation (ich sehe mich selbst) und Identifizierung (ich werde von anderen gesehen). Identifikation meint, ich definiere mich aus meiner eigenen Perspektive über meinen Beruf und mit meinem Beruf. Ideal, wenn der Beruf meiner inneren Berufung entspringt und zu mir passt.

Wer für seinen Beruf brennt, muss sich nicht angestrengt motivieren, sollte sich aber klar darüber sein, dass vor allem Leute ausbrennen, die für ihren Beruf entflammt sind.

Andere identifizieren mich über meinen Beruf. Die Identifizierung geschieht über die Außenperspektive. Ich spiele in den Augen der anderen meine berufliche Rolle, bin Gefangener meiner Rolle und Nutznießer. Ich muss Erwartungen erfüllen, mich rollenkonform verhalten, darf nicht aus der Rolle fallen. Ich trage meine Rolle vor mir her, und das hat auch nützliche Effekte. Wem der Herr ein Amt gibt, dem gibt er den Verstand. Die Mitarbeiter signalisieren dem Chef über Rollenerwartungen, wie er sich zu verhalten hat, was er tun soll und besser bleiben lässt.

Fragen zur beruflichen Seite der Identität sind:

SELBSTERKUNDUNG

- Finde ich sinnvoll, was ich tue?
- Macht mir meine Arbeit Freude?
- Kann ich meine Neigungen und Fähigkeiten ausleben?
- Bin ich das geworden, was ich wollte?

- Welche Perspektiven sehe ich für mich?
- Bekomme ich Anerkennung, erfahre ich Wertschätzung?
- Fühle ich mich ausgenutzt?
- Bin ich leistungsfähig?
- Bin ich überfordert oder unterfordert?
- Frisst mich der Beruf auf?
- Stimmt die Balance zwischen Beruf und Privatleben?
- Ist mein Beschäftigungsverhältnis sicher oder prekär?
- Welche Perspektiven oder Alternativen sehe ich für mich?
- Was ist nach dem geplanten, erhofften, erzwungenen Berufsende?
- Wie könnte eine Karriere nach der Karriere aussehen?

Notizen:

....

....

....

....

Beruf als Identitätsschablone

Christoph Schmidt-Lellek (2008) interessiert sich dafür, wie Manager mit sich selbst umgehen und wie man ihnen mit Coaching auf die Sprünge helfen kann. Er meint, die Rolle des Berufes würde in unserer Kultur überschätzt, die berufliche Identität sei schließlich nur ein Teilaspekt der persönlichen Identität. Der Beruf sei zum maßgeblichen

WAS bin ich? WIE bin ich? WOZU bin ich?

Identitätskriterium geworden, zu einer Art Identitätsschablone, mit deren Hilfe wir uns selbst unserer Umwelt präsentieren und andere Menschen bezüglich Einkommen, Ansehen, Sozialkontakten, Interessen, Lebensstil und Geschmack taxieren. Mag sein, dass manche sich selbst und ihre Mitmenschen nur über den Beruf definieren und vergessen, dass der Beruf nicht alles ist.

Der Beruf ist nicht alles. Aber die berufliche Säule hat wegen ihrer Querverbindungen zu den anderen Säulen eine zentrale Bedeutung für das Ganze.

Für viele Berufe spielt die körperliche Leistungsfähigkeit eine Rolle, die Arbeit wirkt sich auf die Gesundheit aus, führt zu Berufskrankheiten und Berufsunfähigkeit. Zu viel Stress und berufliche Unsicherheit können im Burnout enden. Ein großer Teil der sozialen Beziehungen läuft über den Beruf, er stiftet Kontakte und kann sie behindern, etwa durch Schichtarbeit. Der Beruf ist die Basis für die materielle Sicherheit und gibt dem Leben Sinn.

Quälen Sie sich jeden Morgen aus dem Bett? Freuen Sie sich am Montag schon auf das Wochenende? Plagt Sie ein Gefühl innerer Leere und Sinnlosigkeit? Träumen Sie im Büro von Dingen, die Sie lieber täten, als im Büro zu sitzen? Wer sich das eingestehen muss, steht mit seinem Beruf auf Kriegsfuß und hat seine Berufung nicht gefunden, weiß die Karriereberaterin *Angelika Gulder* (2007). Manche sind auch im falschen Job gelandet, sollen eine Familientradition fortsetzen, obwohl sie dafür nicht geeignet sind. Andere müssen sich mangels Alternativen mit einer unbefriedigenden beruflichen

Situation abfinden. Wer seine Berufung gefunden hat, ist laut *Gulder* voller Energie, hat ein ganz besonderes Strahlen, scheint wie ein Feuer oder ein stilles Glühen von innen heraus zu leuchten. So jemand ist enorm motiviert, hat eine hohe Lebensqualität, weil er tut, was ihn glücklich macht.

Leute, die für ihren Beruf brennen, kennen den Sinn des Lebens. Sie haben eine Antwort auf die Frage „Wozu bin ich?": Damit haben sie Energie zur Verfügung, die andere Leute auf ihrer Suche nach Sinn vergeuden.

Aus der Perspektive der beruflichen Zufriedenheit ist der Beruf zu Recht ein maßgebliches Identitätskriterium und eine Schablone für eine gelungene oder desolate Berufsidentität.

Wer durch die Identitätsschablone blickt, erkennt aber möglicherweise auch, dass er völlig im Beruf aufgeht, dass der Beruf das Privatleben an die Wand drückt und zum alleinigen Sinn und Zweck des Lebens geworden ist. Wer dann aus dem Beruf fällt, arbeitslos oder pensioniert wird, für den ist alles sinnlos.

Aus Krisen kommt man schneller heraus, wenn es neben dem Beruf noch andere Anker gibt. Der Berater *Roland Rasi* hat Folgendes bei Managern, die ihren Job verloren haben, beobachtet: Nach so einem Schock kommen diejenigen schneller auf die Beine und erholen sich, die sich trotz Karriere ihre Hobbys wie Sport oder Musik erhalten haben.

Wie dramatisch sich ein beruflicher Absturz auswirkt, hängt auch davon ab, ob der Betroffene eher ein Statussucher oder ein Sinnsucher ist.

WAS bin ich? WIE bin ich? WOZU bin ich?

Martin Doehlemann (1996) interessiert sich für die Kunst des Verlierens und für berufliche Absteiger. Bei vielen Spitzenmanagern wird das Identitätsgefühl weniger von ihrem inneren Sein als von ihrer Wirkung in der Öffentlichkeit bestimmt. Sie hängen bei ihrer Selbstbewertung stark von der Einschätzung anderer ab. Wird so ein Statusorientierter im gegenseitigen Einvernehmen abgeschossen, vergoldet man ihm seinen Rausschmiss mit einer Outplacement-Beratung. Der Geltungsversessene kämpft dann mit seinem erschütterten Identitätsgefühl, missbraucht den Berater als Verheimlichungsagenten und legt größten Wert darauf, dass der Dienstwagen möglichst lange in der Hauseinfahrt stehen bleibt.

Die vierte Identitätssäule: Materielle Sicherheit

Bei der materiellen Sicherheit geht es nicht nur um Einkommen und finanzielles Auskommen, sondern auch um andere Ressourcen des täglichen Lebens: Nahrung, Kleidung, Besitz, Wohnung, medizinische Versorgung und Zukunftsperspektiven.

Die entsprechenden Fragen der vierten Säule sind:

SELBSTERKUNDUNG

- Bin ich materiell abgesichert?
- Ist die finanzielle Situation befriedigend?
- Bin ich mit der Wohnsituation zufrieden?
- Lebe ich in guter Nachbarschaft?
- Stimmt das Umfeld (Lärm, Luftverschmutzung)?
- Lebe ich an einem schönen Ort, kann ich mich entfalten?

❧ Habe ich Lebenskomfort, kann ich mir z. B. Urlaub leisten?

❧ Habe ich gute Zukunftsperspektiven?

❧ Habe ich ein Heimatgefühl?

Notizen:

....

....

....

....

Ökonomische Vergleiche

Maßgebliche Eckpunkte der materiellen Sicherheit sind Einkommen und Vermögen. Ob wir mit unseren materiellen Gegebenheiten zufrieden sind, hat nicht nur mit uns, sondern auch mit den anderen zu tun. Wir nehmen unser Wohlergehen nicht absolut wahr, sondern im Vergleich zu unserem sozialen Umfeld.

Weil wir eher einen Aufstieg anstreben, nehmen wir uns gerne Leute zum Vergleichsmaßstab, denen es ökonomisch besser geht als uns, obwohl wir uns besser mit Leuten vergleichen sollten, denen es nicht so gut geht. So stehen wir immer schlechter da als die anderen. Unser falscher Vergleich drängt uns in die Rolle des Verlierers.

Das ist vor allem für statusfixierte Menschen schwer zu verkraften. Deren Ego verträgt es kaum, wenn andere mehr haben. Ganz schlimm ist es, wenn es sich bei den Erfolgreichen, mit denen wir uns vergleichen, um Gleichgestellte handelt. „Es gibt kaum einen Erfolg, der schwerer zu ertragen ist, als der vermeintlich Gleichgestellter", weiß *Alain de Botton* (2004). Für ihn ist die Fixierung auf den ökonomisch begründeten Status der Inbegriff der Lebensverfehlung. Er rät dazu, die emotionalen Glückserlebnisse den materiellen vorzuziehen und über unsere kosmische Bedeutungslosigkeit nachzudenken. „Wenn es Ihnen nicht gelingt, den archaischen Drang zu zügeln, Ihren Erfolg ständig an dem Ihrer Mitmenschen zu messen, wird stets Ihr Glück weniger davon abhängen, wie viel Geld Sie haben, als vielmehr davon, wie viel Geld die anderen haben, und darauf werden Sie nie Einfluss haben", schreibt *Jason Zweig* (2007) in seinem Buch über die menschliche Gier. Wer keine Identität jenseits des ökonomischen Vergleichs findet, verschließt sich alternativen Chancen für ein befriedigendes Dasein. *Richard Layard* bringt es auf den Punkt: „Ein Geheimnis des Glücks ist also, sich nie an Menschen zu orientieren, die erfolgreicher sind als man selbst."

Konnte Sie *Alain de Botton* von Ihrer kosmischen Bedeutungslosigkeit überzeugen? Wenn nicht, gibt es noch eine Möglichkeit, wie Sie sich dem Terror des Vergleichs entziehen:

Probieren Sie es mit Sideshifting, wenn Sie sich unbedingt von Ihren Mitmenschen abheben wollen. Ersetzen Sie das Haben durch das Kennen.

Es gibt nicht nur ökonomische Anker, an denen man seine Bedeutung festmachen kann, um mit sich im Reinen zu sein und vor anderen bestehen zu können. Streben Sie nach Kennerschaft, eignen Sie sich Spezialwissen an, werden Sie Experte auf dem Gebiet der Kultur, der Kunst, des Sammelns. *Klaus Werle* spricht von einem Ersatz des „immer mehr" durch „immer besser" und nennt das Connaisseurtum. Sie beeindrucken ihre Umwelt, weil Sie auf Ihrem Spezialgebiet, in Ihrem Hobby, mehr wissen als die anderen. Möglicherweise kann Ihr Alleinstellungsmerkmal sogar die Säule Ihrer materiellen Sicherheit stabilisieren.

Downshifting ist eine weitere Variante, die wir beim ökonomischen Aspekt der materiellen Sicherheit berücksichtigen können. Das unfreiwillige Downshifting ist der soziale Abstieg, das freiwillige Downshifting ist das Herunterschalten in einen niedrigeren Gang: „Es handelt sich um eine Änderung des Arbeitstempos, eine Bewegung zu einem ausgeglicheneren Leben, ein Interesse an allen Aspekten der eigenen Identität", meint *Ray Pahl* (1996, S. 22).

Die Erwartungen zu senken ist ein effektiver Weg, die eigene Lebenszufriedenheit zu erhöhen. Man schaltet beruflich herunter, auch um den Preis eines geringeren Einkommens. Man wird zum Zeitpionier und tauscht Zeit gegen Geld.

Den Fehler einer falschen Nutzenschätzung zu vermeiden, raten die Züricher Glücksforscher *Bruno S. Frey* und *Claudia Frey Marti* (2010). Wir schätzen den Nutzen von Geld, Macht, Einfluss und Status viel zu hoch ein, viel zu niedrig dagegen die Freizeit und die Zeit für Familie und Freunde.

Bei der Entscheidung für einen neuen Job soll man nach *Frey* eine kritische und distanzierte Haltung einnehmen. So soll man sich selbst verpflichten, keinen neuen Job nur wegen eines höheren Einkommens anzunehmen, wenn man dafür Nachteile wie einen längeren Arbeitsweg in Kauf nehmen muss. Zudem soll man sich unbedingt mit der Familie und Freunden beraten und Vor- und Nachteile der Entscheidung abwägen. Wie die Entscheidung ausfällt, hängt davon ab, ob es sich beim Nutzenschätzer um einen Statussucher oder einen Sinnsucher handelt. Die beiden nehmen wir uns in Kapitel 6 vor.

Fünfte Identitätssäule: Werte und Sinn

Die ersten vier Identitätssäulen setzen sich aus handfesten Fakten zusammen: Wie fit bin ich? Wie groß ist mein Bekanntenkreis? Wie steht es um meine Finanzen? Die fünfte Säule besteht aus zwei weichen Faktoren: aus der Orientierung an Werten und aus der Suche nach Sinn. Beides begründet eine Art Privatphilosophie, mit der ich meine Welt deute, die mir sagt, was für mich wichtig ist, was ich für richtig halte, wovon ich überzeugt bin, wofür ich mich entscheide und eintrete. Fragestellungen für den Wertebereich sind:

SELBSTERKUNDUNG

- Wofür stehe ich, was halte ich für richtig?
- Woran glaube ich?
- Für welche Überzeugungen stehe ich?
- Kann ich meine Werte leben?
- Bleibe ich mir treu?

🖋 Bin ich authentisch?

🖋 Muss ich mich verbiegen?

🖋 Sind mir meine Ideale eine Last?

Notizen:

....

....

....

....

....

Hier ist ein (unvollständiger) Wertekatalog:

Achtsamkeit	Hilfsbereitschaft	Standfestigkeit
Anständigkeit	Integrität	Toleranz
Aufrichtigkeit	Kollegialität	Unbestechlichkeit
Ehrlichkeit	Korrektheit	Verantwortlichkeit
Fairness	Loyalität	Verlässlichkeit
Freundlichkeit	Menschlichkeit	Vertrauen
Fürsorge	Moral	Weitsicht
Gerechtigkeit	Nachhaltigkeit	Würde
Glaubwürdigkeit	Offenheit	Zivilcourage
Gradlinigkeit	Partnerschaftlichkeit	Zusammengehörigkeit
Großzügigkeit	Respekt	
Güte	Rücksichtnahme	

Wir sind zufrieden, wenn wir unsere Werte leben können, und unzufrieden, wenn wir uns verbiegen müssen und uns gegen Werte versündigen. Wer sich über seine Werte klar ist, kann sich behaupten und wenn nötig Nein sagen.

WAS bin ich? WIE bin ich? WOZU bin ich?

- Welche Werte aus der Liste sind mir am Wichtigsten?

- Welcher Wert ist mir „heilig"?

- Gibt es eine unbehagliche Situation, über die ich mich bis heute ärgere, weil ich etwas getan habe oder zu etwas gezwungen war, das gegen meine Überzeugung verstieß? Gegen welchen Wert habe ich mich da versündigt?

- Welche Werte haben für mich wenig Bedeutung?

Notizen:

....

....

....

....

Werte und Sinn müssen sich einigermaßen decken, sonst drohen Konflikte. Beim Sinn geht es um Ziele, die das Leben in eine Richtung lenken. Die Suche nach Sinn setzen wir im übernächsten Kapitel 5 mit der Frage „Wozu bin ich?" fort.

Hier sind Fragen, mit denen *Helmut Kames* den Sinn erfassen will:

- Habe ich eine Orientierung im Leben?

- Habe ich Ziele im Leben?

- Was ist für mich erstrebenswert?
- Wofür engagiere ich mich?
- Sehe ich das, was ich tue, als sinnvoll an?
- Fühle ich mich eingeengt?
- Handle ich gegen meine Überzeugungen?
- Ruhe ich in mir selbst, oder bin ich in Unruhe über mich und mein Leben?

Notizen:

....

....

....

....

....

„In einer Zeit, in der über Identität so viel geschrieben wird, [...] muss es um die Identität nicht gut bestellt sein", meint der Vielschreiber *Petzold* (2012) am Ende eines Aufsatzes. Sein Anhänger, der Psychotherapeut *Helmut Kames* (2011), teilt diesen pessimistischen Unterton nicht, zumindest nicht an seinen „guten Tagen". „An meinen ‚schlechten Tagen' jedoch scheine ich nicht mehr ich selbst zu sein, bin ich nicht mehr identisch mit mir." Dann steuert er gegen, tut sich etwas Gutes oder lässt etwas Ungutes bleiben und stabilisiert die eine oder andere Identitätssäule.

WAS bin ich? WIE bin ich? WOZU bin ich?

Übernehmen Sie die Strategie von *Helmut Kames*, wenn Sie Ihre „schlechten Tage" haben. Gönnen Sie sich etwas Gutes:

Ausspannen, sich bewegen, Entspannungstechniken praktizieren, lesen, Musik hören, wellnessen, zwischenmenschliche Kontakte pflegen, sich Streicheleinheiten holen, sich eine Lieblingstätigkeit gönnen.

Notizen:

....

....

....

3.2

Warum zwei Säulen reichen, um unsere Identität zu verorten

Gehören Sie zu denen, die nachts einen Porsche abfackeln, oder gehört(e) Ihnen der Porsche? Besitzen sie gar keinen 911er, der die Kreuzberger Nächte erleuchten könnte, obwohl Sie in diesem munteren Bezirk wohnen? Lassen Sie Ihren Liebling nachts auf der Straße stehen oder nehmen Sie ihn mit ins Bett? Diese existenziellen Fragen können wir beantworten, wenn wir wissen, in welchem Milieu Ihre Identität zu Hause ist.

Das Heidelberger Sinus-Institut zeigt, wie das geht. Man nehme die vierte und fünfte Identitätssäule („Materielle Sicherheit" und „Werte/Sinn") und kombiniere beide intelligent. Dann ist klar, in welcher von zehn Lebenswelten Sie sich tummeln. Die Sinus-Forscher wollen eigentlich gar nicht zu unserer Selbsterkenntnis beitragen, sie müssen ja von etwas leben. Sie flüstern denen, die uns etwas andrehen wollen, wie sie dies anstellen müssen, damit wir auf sie und ihre Produkte hereinfallen. Die Landkarte der zehn Milieus heißt Kartoffelgraphik: Zehn Kartoffeln unterschiedlicher Größe liegen beieinander, und eine davon gehört uns.

Die linke, senkrechte Säule der Milieulandkarte beschreibt die materielle Sicherheit, sie wird „soziale Lage" genannt und ist nichts anderes als die Sortierung der Menschen in Unterschicht, Mittelschicht und Oberschicht. Die soziale Lage setzt sich aus Einkommen und Vermögen zusammen, berücksichtigt sind auch der Bildungstand und das Berufsprestige. Die waagerechte Achse zeigt drei unterschiedliche Werthaltungen und Lebenseinstellungen, von „Tradition" über „Modernisierung" bis hin zu „Neuorientierung". Zwischen den beiden Achsen blühen die zehn Landschaften der Identitäten. In Berlin-Kreuzberg sind beim Abfackeln von Autos vor allem die Angehörigen zweier Milieus aktiv. Die einen zündeln nachts, und die anderen telefonieren am nächsten Vormittag mit ihrer Versicherung.

119

WAS bin ich? WIE bin ich? WOZU bin ich?

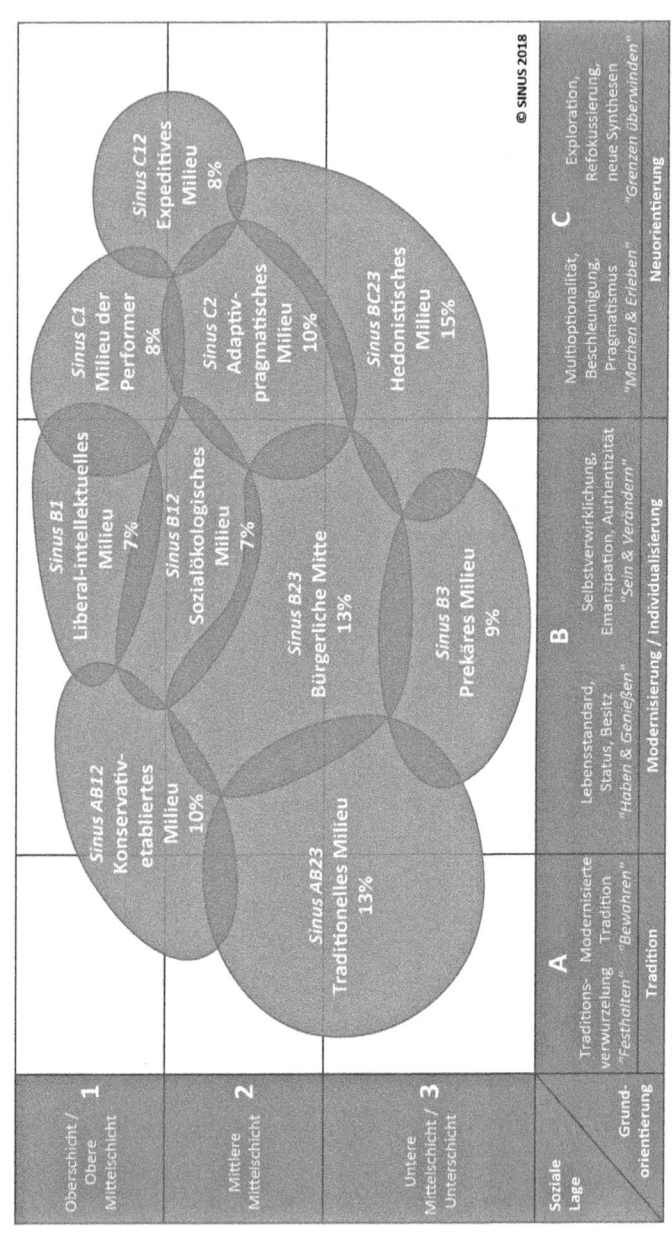

Die Sinus-Milieus® in Deutschland
Soziale Lage und Grundorientierung

© SINUS 2018

	A	B	C
	Traditions-verwurzelung Tradition *"Festhalten"*	Lebensstandard, Status, Besitz *"Haben & Genießen"*	Multioptionalität, Beschleunigung, Pragmatismus *"Machen & Erleben"*
	Modernisierte Tradition *"Bewahren"*	Selbstverwirklichung, Emanzipation, Authentizität *"Sein & Verändern"*	Exploration, Refokussierung, neue Synthesen *"Grenzen überwinden"*
Grundorientierung	Tradition	Modernisierung / Individualisierung	Neuorientierung

Soziale Lage:
- Oberschicht / Obere Mittelschicht **1**
- Mittlere Mittelschicht **2**
- Untere Mittelschicht / Unterschicht **3**

Milieus:
- Sinus AB12 Konservativ-etabliertes Milieu 10%
- Sinus AB23 Traditionelles Milieu 13%
- Sinus B1 Liberal-intellektuelles Milieu 7%
- Sinus B12 Sozialökologisches Milieu 7%
- Sinus B23 Bürgerliche Mitte 13%
- Sinus B3 Prekäres Milieu 9%
- Sinus C1 Milieu der Performer 8%
- Sinus C12 Expeditives Milieu 8%
- Sinus C2 Adaptiv-pragmatisches Milieu 10%
- Sinus BC23 Hedonistisches Milieu 15%

Nicht jeder Harz-IV-Empfänger aus dem *prekären Milieu*, der die riesige Bautafel gesehen hat, auf der Lofts für 500.000 bis 1,3 Millionen Euro angepriesen werden, fackelt einen Porsche ab, damit Leute mit Geld bloß nicht auf die Idee kommen, sich in Kreuzberg eine Eigentumswohnung zu kaufen und Leute mit kleinem Geldbeutel verdrängen, die die steigenden Mieten in den sanierten Häusern nicht mehr zahlen können.

Auf der unteren Einkommensebene tummelt sich auch das fröhliche Völkchen des *hedonistischen Milieus*. Das sind spaß-, konsum- und erlebnisorientierte junge Leute vom Gelegenheitsjobber bis zum Studenten. Sie stammen oft aus einem bürgerlichen Elternhaus, sind aber auf eine bürgerliche Karriere nicht scharf, leben im Hier und Jetzt, lehnen die Leistungsgesellschaft ab und lassen sich von der Arbeit nicht kaputtmachen.

Würden die Leute aus dem *traditionellen Milieu* mitbekommen, dass wir sie in die Unterschichtschublade stecken, wäre die Hälfte von ihnen zu Recht beleidigt, da dieses Kleinbürgermilieu nach oben in die Mittelschicht hineinreicht. Im Großen und Ganzen ist das Milieu durch bescheidenen Wohlstand und Sparsamkeit geprägt. Zu den Traditionellen gehören Arbeiter, kleine Angestellte, Selbständige mit geringem Einkommen und Leute mit kleiner Rente. Die Anpassung an die Notwendigkeiten erzeugt ein Gefühl der Zufriedenheit. Status und gesellschaftliches Ansehen spielen keine große Rolle. Bleibende Werte sind wichtiger als gesellschaftlicher Aufstieg, nur die Kinder sollen es besser haben, sonst darf alles bleiben, wie es ist, Veränderungen werden eher als bedrohlich empfunden. Man fährt Opel.

Die *bürgerliche Mitte* ist der ordentlich-langweilige Kern der Gesellschaft mit dem Wunsch nach gesicherten, harmonischen und geordneten Verhältnissen. Man besitzt keine großen Reichtümer, hat keine Schulden und wenn, wird solide in die Zukunft investiert. Die Statusorientierung zeigt sich weniger im Drang nach oben als in der Angst vor dem Abstieg.

Aus dem *sozialökologischen Milieu* rekrutieren sich die Grünen. Man hat klare Vorstellungen vom „richtigen Leben". Das ökologische und soziale Gewissen bewegt sich nicht im Porsche, sondern mit öffentlichen Verkehrsmitteln, per Car-Sharing oder, wenn eigenes Auto, mit einem gebrauchten französischen Kleinwagen oder mit dem Toyota Prius Hybrid.

Das *adaptiv-pragmatische Milieu* sind die Möchtegerne. Die haben den Aufstiegsdrang, der der bürgerlichen Mitte fehlt. Sie wollen mit eigener Kraft den Aufstieg schaffen, fühlen sich nicht als Mitte, eher als Durchreisende. Der Aufstieg steht ganz oben auf ihrer Werteskala. Sie sind bereit, persönliche Opfer dafür zu bringen und das Privatleben zurückzustellen, und sind beunruhigt, wenn sie merken, dass es immer schwerer wird, Karriere zu machen. Die Aufstiegsorientierten sind geltungs- und prestigebewusst, stolz auf Statussymbole. Weil sie so viel in den Aufstieg investieren, möchten sie zeigen, was sie schon erreicht haben. Sie wollen aus der Masse herausragen, aber nicht durch Extravaganzen unangenehm auffallen und dadurch den Aufstieg gefährden. Sie würden gerne einen Porsche fahren, trauen es sich aber (noch) nicht. Obwohl sie es noch nicht geschafft haben, stellen sie schon den Lebensstandard höherer Schichten zur Schau, oft auf Pump. Sie hätten gerne Anschluss an obere Gesellschaftsschichten, neigen zum Perfektionismus, wirken eher angestrengt als locker und zeigen eine gewisse Stilunsicherheit. Das Aufsteigermilieu ist auch Durchgangsstation für Hedonisten, die ihre Spaßjahre und ökonomische Durststrecken satt haben und ihre Leistungs- und Karriereverweigerung hinter sich lassen.

Wer im *Milieu der Performer* angekommen ist, gehört zur effizienzorientierten Leistungselite, hat es durch sein Einkommen in die Oberschicht geschafft und könnte sich zufrieden zurücklehnen. Geld hat aber eine große Bedeutung, genug ist nie genug, und leider gibt es ja andere, die noch mehr haben als man selbst. Der starke Wunsch nach Selbstdarstellung und der prestigeorientierte Konsumstil wollen finanziert sein. Man führt ein intensives Leben, fährt beruflich weiter auf der Überholspur, überfrachtet die knapp bemessene Freizeit, statt sich zu erholen. Man will sich alles leisten können, hat hohe Ansprüche an Dienstleister, Hotels, Restaurants, Banken. Dahinter verbergen sich nicht selten Minderwertigkeitsgefühle und die Angst, nicht dazuzugehören und als Neureicher von den Altreichen nicht ernst genommen und akzeptiert zu werden. „Deshalb ist es besonders wichtig, diese Kundengruppe zu bestätigen, ihr das Gefühl zu vermitteln, ernst genommen zu werden", wird Bankmitarbeitern beigebracht, bevor man sie auf diese Zielgruppe loslässt. Ohne dieses Milieu könnte Porsche einpacken. Manche Performer packen abends ihren

Porsche ein und nehmen ihn mit in die Wohnung. Der staunende Kreuzberger steht vor dem Bauschild für das Carloft, dem Luxusappartement mit integriertem Autostellplatz. Der Porsche parkt auf der Etage vor der Wohnungstür, nicht mehr in der Tiefgarage oder auf der Straße. Wer sein Fahrzeug liebt, nimmt es im Carlift mit nach oben.

Angehörige des *expeditiven Milieus* haben vom Persönlichkeitsmerkmal „Offenheit" viel mitbekommen. Expeditive sind hyperindividualistisch, laufen keiner Modeströmung nach, wollen ihrer Zeit voraus sein, suchen nach Veränderungen und neuen Lösungen, sind technologisch auf dem neuesten Stand, besorgen sich trendige und ausgefallene Produkte. Sie sind nicht auf gesellschaftliche Anerkennung aus, höchstens als Trendsetter. Das Auto darf schnell und stark sein, der 911er ist Uralttechnik. Ihr Model S von Tesla schafft es in 2,7 Sekunden von null auf hundert.

Im *liberal-intellektuellen Milieu* findet sich die aufgeklärte Bildungselite mit liberaler Grundhaltung. Das sind einkommensstarke leitende Angestellte, Selbständige sowie Freiberufler mit hohem Lebensstandard und teilweise exklusivem Lebensstil. Sie hatten beste berufliche Startbedingungen für die eigene Karriere durch das großbürgerliche und akademische Elternhaus. Das führt zu einem selbstsicheren Erfolgs- und Karrierestreben ohne Verbissenheit. Das Bedürfnis nach Selbstdarstellung wird subtil befriedigt. Mit gezieltem Understatement lässt man seine Bedeutung „durchscheinen" und verzichtet auf plumpe Äußerlichkeiten. Ein Porsche wäre für den typischen „Zeit"-Leser zu prollig. Nur die

„Zeit"-Herausgeberin, die Gräfin, konnte sich den adelstypischen Stilbruch leisten: „Wer früher Trakehner geritten hat, muss schon Porsche fahren, um das Niveau zu halten." Zum Größenwahn neigen die liberal-Intellektuellen nicht, dafür sind sie zu intellektuell.

Wer seit zweihundert Jahren reich ist, gehört zum *konservativ-etablierten Milieu* und lässt sein Vermögen von einer feinen Clique Genfer Privatbankiers verwalten, von Leuten, die noch länger reich sind, auch keinen Porsche fahren und von sich sagen: „Wer kein Hugenotte ist, wird uns nie so richtig verstehen." Was zeichnet die Genfer Geldsäcke aus und warum glauben sie, es besser zu können als andere Vermögensverwalter? „Weil wir das seit 300 Jahren machen. Das ist uns ins Blut und in die Gene übergegangen. Wir sind Leute, die nicht sehr lustig sind, wir sind seriös und zuverlässig, und deshalb genießen wir Vertrauen." Ein zur Schau gestellter Luxus gilt für alteingesessene Genfer als obszön und passt nicht zum Habitus des diskreten Privatbankers: „Wir sind konservativ, machen keinen Blödsinn, gehen nicht ins Kasino und sind früh im Bett", sagt *Bénédikt Hentsch*, Banker in siebter Generation. Der häufig vor seiner Bank geparkte Porsche gehört einem Zugezogenen, einem Mitglied der Familie Rothschild von der gegenüberliegenden Bankniederlassung.

4

Welche Motive treiben Sie an?

> Die anständigen Menschen
> arbeiten um des Ruhmes und des Geldes willen.
> Die unanständigen wollen die Welt verändern
> und die Menschen erlösen.
>
> (Marcel Reich-Ranicki)

Was treibt Sie morgens aus dem Bett und was treiben Sie anschließend? Vermutlich ist Ihnen nicht immer klar, was Sie auf Trab bringt. Selbst die bewussten Motive sind den meisten von uns nicht wirklich bewusst und die unbewussten machen mit uns, was sie wollen.

Motive steuern unser Leben und bestimmen, wofür wir brennen. Für die bewussten, expliziten Motive hat sich der amerikanische Psychologieprofessor *Steven Reiss* (2009) interessiert und 16 Lebensmotive gefunden, die uns unterschiedlich stark antreiben. Sein Motivkatalog gilt für alle, aber jeder „tickt" anders. „Wie einen individuellen Fingerabdruck hat jeder Mensch ein unverwechselbares Motiv-Profil. Wer es genauer kennen lernt, kann wertvolle Einblicke in seine Persönlichkeit gewinnen – was ihn im Innersten bewegt und antreibt", schreiben *Helmut Fuchs* und *Andreas Huber* im Vorwort ihres Buches zu den 16 Lebensmotiven (2002). Zuerst schauen wir uns die bewussten Motive Prestige, Macht, Anerkennung und Unabhängigkeit an. Diese Viererbande entscheidet, welche Kapriolen das Geltungsbedürfnis schlägt. Dann wenden wir uns den anderen zwölf bewussten Motiven zu.

Anschließend wollen wir hinter unsere geheimen, impliziten Antriebe kommen, damit sie uns nicht in eine falsche Richtung lenken. Geheimnisse lassen sich nicht so leicht knacken, schon gar nicht auf direktem Wege. Wir versuchen es durch den Hintereingang.

Bewusste und unbewusste Motive stehen miteinander in Beziehung. Es geht uns gut, wenn beide an einem Strang ziehen. Ziehen sie uns jeweils in eine andere Richtung, haben wir ein Problem.

4.1

Bewusste Motive

Prestige

Der Lounge Chair, der Mercedes unter den Statussymbolen, stammt vom Designer *Charles Eames*. Von ihm stammt auch der Rat: „Nimm ernst, was dir Freude bereitet." Wie ernst Sie das Prestigemotiv nehmen und wie viel Freude es Ihnen bereitet, verrät also Ihr Hinterteil. Sitzen Sie auf dem Klappstuhl Gunde zu 5,99 Euro von IKEA? Oder lümmeln Sie sich im Lounge Chair zu 5.990,00 Euro von Vitra?

Das Prestigemotiv hat den engsten Bezug zum Geltungsbedürfnis. Prestigemotivierte wollen bei ihren Mitmenschen Eindruck schinden. Gelingt ihnen das, dann sind sie auch von sich selbst mächtig beeindruckt.

Sie fühlen sich nicht mehr als unbeachteter Nobody, sondern als wichtiger Somebody, genießen die Aufmerksamkeit und die bewundernden Blicke, die der herausgehobene Status beschert. Alles Prestigeträchtige zieht sie an. Sie möchten reich und bedeutend sein, in einer vornehmen Gegend wohnen, teure Autos fahren. Sie mögen den Luxus und präsentieren ihn gerne, legen Wert auf angesagte Kleidung, zeigen sich bei wichtigen Anlässen mit wichtigen Menschen, sind Mitglied in prestigeträchtigen Clubs, klopfen sich dort gegenseitig auf die Schulter, kommen sich wichtig vor und fühlen sich dem Rest der Menschheit überlegen. Sie wollen nicht nur andere beeindrucken, sondern sind auch selbst beeindruckt vom Leben der Reichen und Schönen und von den Statussymbolen, die andere vor sich hertragen. Sie achten auf ihren Ruf und registrieren aufmerksam und besorgt, was andere von ihnen denken und halten.

Die Erfüllung des Lebensglücks besteht für Prestigemotivierte vor allem darin, prominent und berühmt zu sein!

WAS bin ich? WIE bin ich? WOZU bin ich?

Menschen mit einem schwachen Prestigemotiv leben bescheiden und unauffällig. Sie lassen sich von Status, Statussymbolen, Reichtum, teuren Dingen, Ruhm und Promistatus nicht beeindrucken. Sie sind auf Statushöhere nicht neidisch. Statushungrige Mitmenschen sind ihnen gleichgültig. Der eigene Ruf ist ihnen ziemlich unwichtig. Sie kleiden sich unauffällig und pflegen einen bescheideneren Lebensstil, als sie sich leisten könnten.

Das Prestigemotiv lässt sich gut beobachten, am ehesten bei Menschen, die stark damit gesegnet sind.

Zu Ihrer Selbsterkundung und Selbsterkenntnis können die folgenden Statements beitragen. Zählen Sie sich zu I. oder eher zu II. zugehörig?

SELBSTERKUNDUNG

I. Bescheidene Menschen mit schwachem Prestigemotiv:

1. Die Reichen und die Schönen sind mir ziemlich egal.

2. Leute mit hohem Status beeindrucken mich wenig.

3. Was andere von mir denken, interessiert mich eher nicht.

II. Geltungsbewusste Menschen mit starkem Prestigemotiv:

1. Ich mag eigentlich immer nur die besten und schönsten Dinge, ich mag Luxus.

2. Es gefällt mir, andere mit meinem Besitz zu beeindrucken und ihnen zu gefallen.

3. Ich bin Mitglied in einem prestigeträchtigen Club oder Verein.

Notizen:

....

....

....

....

Macht

Menschen mit starkem Prestigemotiv wollen Mitmenschen beeindrucken. Menschen mit ausgeprägtem Machtmotiv wollen andere hingegen beeinflussen, beherrschen und kontrollieren.

Machtmotiv und Prestigemotiv hängen zusammen. Mit einem höheren Status ist mehr Macht verbunden. Ein Jemand ist mächtiger als ein Niemand.

Machtmotivierte streben nach Leistung. Durch den damit verbundenen Erfolg wollen sie es in Führungspositionen schaffen und dort Einfluss ausüben. Sie machen sich schlau, wollen durch herausragende berufliche Fähigkeiten Erste und Beste sein und eine Karriere hinlegen. Wer es geschafft hat, kann das Kommando übernehmen und anderen seinen Willen aufzwingen. Machtmotivierte sind nicht besonders interessiert an Aufgaben, mit denen kein Blumentopf zu gewinnen ist. Sie mögen es nicht, wenn sie zuarbeiten sollen, aber die Lorbeeren von anderen geerntet werden. Lieber ernten sie die Lorbeeren anderer. Der Psychoanalytiker *Alfred Adler* meint, das Machtstreben sei das mächtigste Motiv aller Menschen. Kinder würden durch ihren

WAS bin ich? WIE bin ich? WOZU bin ich?

Vergleich mit den größeren und mächtigeren Eltern zwangsläufig ein unbewusstes Minderwertigkeitsgefühl entwickeln. Die Folge sei ein lebenslängliches Streben nach Macht, um das tiefsitzende Minderwertigkeitsgefühl aus der Kindheit zu kompensieren.

Menschen mit schwachem Machtmotiv besitzen keinen besonderen Ehrgeiz. Sie sind nicht übermäßig leistungs- und karriereorientiert. Sie wollen andere nicht beeinflussen, haben keine Lust auf eine Führungsrolle, sind nicht daran interessiert, „Untergebene" anzuleiten, und würden sich durch Führungsverantwortung eher gestresst fühlen.

Wie stark Ihr Machtmotiv ausgeprägt ist, loten Sie mit den folgenden Statements aus:

SELBSTERKUNDUNG

I. Zurückhaltende Menschen mit schwachem Machtmotiv:

1. Ich bin nicht besonders ehrgeizig und karrierebewusst.

2. Im Allgemeinen ordne ich mich eher unter.

3. Im zwischenmenschlichen Kontakt halte ich mich eher zurück.

II. Dominante Menschen mit starkem Machtmotiv:

1. Ich bin ehrgeizig und karrierebewusst.

2. Gewöhnlich übernehme ich das Kommando, statt mir sagen zu lassen, wo es lang geht.

3. Im zwischenmenschlichen Kontakt dominiere ich gewöhnlich die Situation.

Notizen:

....

....

Erreichen machtmotivierte Eltern ihre eigenen Ambitionen nicht, bleiben der erhoffte Erfolg und der damit verbundene Einfluss aus, delegieren sie ihre unerfüllten Hoffnungen möglicherweise an ihre Kinder. Die sollen erreichen, was ihnen selbst im Leben versagt blieb. Durch Leistungsdruck zum Zwecke stellvertretender Machtbefriedigung missbrauchen Eltern ihre Kinder. Vor allem, wenn solche Eltern auf ein wenig ehrgeiziges Kind mit schwachem Machtmotiv prallen. Eltern meinen dann, mit ihrem Kind stimme etwas nicht, es sei nicht normal.

Anerkennung

Warum ein Anerkennungsmotiv? Ist der Wunsch nach Anerkennung nicht bereits durch das Prestigemotiv abgedeckt? Auf den ersten Blick geht es um das Gleiche, man will bei seinen Mitmenschen gut ankommen – aber nicht um sein Prestige zu steigern, sondern um mit seiner Selbstunsicherheit fertig zu werden. *Steven Reiss* hätte sein Anerkennungsmotiv auch „Motiv zur Verheimlichung seiner Selbstunsicherheit" nennen können.

Die Suche nach Anerkennung ist bei Menschen mit wenig Selbstsicherheit stark ausgeprägt und mit einer Überempfindlichkeit gegen Kritik verbunden.

WAS bin ich? WIE bin ich? WOZU bin ich?

Selbstunsichere Menschen haben Angst vor eigenem Versagen und der damit verbundenen Zurückweisung durch andere. Sie setzen sich leicht erreichbare Ziele, um ein Scheitern auszuschließen, geben schnell auf und gehen schwierigen Aufgaben mit unklarem Ausgang aus dem Wege. Sie vermeiden Konflikte und neigen zu einem aggressionsfreien, weichen Verhalten. Sie lassen sich über den Tisch ziehen, weil es ihnen schwerfällt, sich zu behaupten. Anerkennungsmotivierte, konfliktscheue Weicheier akzeptieren im Restaurant zähneknirschend ein verunglücktes Essen, statt es zurückgehen zu lassen.

Menschen mit schwachem Anerkennungsmotiv sind hingegen selbstsicher, behaupten sich gern, zeigen ihren Ärger und werden wütend, wenn es die Situation erfordert.

Wer von der Anerkennung seiner Mitmenschen nicht abhängig ist, wer von sich selbst überzeugt ist, kann gut und ohne Überreaktion mit Kritik umgehen. Wer eine gesunde Selbstsicherheit, ein gutes Gefühl für den eigenen Wert besitzt, ist auf die Anerkennung durch andere nicht angewiesen.

Anhaltspunkte zur Selbsteinschätzung:

SELBSTERKUNDUNG

I. Selbstsichere Menschen mit schwachem Anerkennungsmotiv:

1. Ich bin selbstbewusst und selbstsicher.

2. Ich kann mich gut behaupten.

3. Mit Kritik kann ich gut umgehen und reagiere gelassen und unaufgeregt darauf.

II. Selbstunsichere Menschen mit starkem Anerkennungsmotiv:

1. Ich setzte mir leicht zu erreichende Ziele.

2. Ich habe große Schwierigkeiten, wenn man mich kritisiert.

3. Ich gebe schnell auf.

Notizen:

....

....

....

Unabhängigkeit

Wer nach Unabhängigkeit strebt, hat mit seinen Mitmenschen nicht so viel am Hut, mag sein Leben selbst bestimmen, verwirklicht gern eigene Ideen, braucht keine Ratschläge anderer und nimmt ungern Hilfe an. So jemand mag es nicht, wenn er sich auf andere verlassen muss, und ist ungern auf andere angewiesen. Unabhängigkeitsmotivierte genießen das Glück und die Freude der Freiheit. Sie erledigen Arbeiten lieber alleine, Teamarbeit liegt ihnen nicht besonders. Sie lassen sich ungern gängeln und haben Probleme mit akribischen Aufgabenstellungen in Befehlsform und pedantischen Terminvorgaben.

Menschen mit schwachem Drang nach Unabhängigkeit suchen Beziehungen, haben nichts dagegen, von anderen abhängig zu sein. Sie finden es angenehm und beruhigend, wenn sie sich auf andere verlassen können. Sie arbeiten lieber im Team als alleine.

WAS bin ich? WIE bin ich? WOZU bin ich?

Einschätzungskriterien sind:

I. Anhängliche Menschen mit schwachem Unabhängigkeitsmotiv:

1. Ich bin stark an meinen Partner gebunden.

2. Ich mag es nicht, wenn ich allein bin.

II. Autonome Menschen mit starkem Unabhängigkeitsmotiv:

1. Selbst ist der Mann / die Frau!

2. Auf die Ratschläge anderer kann ich gern verzichten.

Notizen:

....

....

....

....

Zwölf weitere bewusste Lebensmotive

Die anderen zwölf Motive sind für das Beziehungsgeflecht von Geltungsbedürfnis und Selbstsicherheit weniger relevant. Aber vielleicht wollen Sie wissen, wofür wir im Leben sonst noch brennen oder was uns kalt lässt:

1. **Neugier:** Der Neugiermotivierte sucht nach Wissen und Wahrheit.

2. **Ordnung:** Der Ordnungsmotivierte mag Stabilität, Klarheit und gute Organisation.

3. **Sparen:** Der Sparmotivierte strebt nach Anhäufung materieller Güter und Eigentum.

4. **Ehre:** Der Ehrmotivierte befürwortet Loyalität und moralische, charakterliche Integrität.

5. **Idealismus:** Der Idealismusmotivierte strebt nach sozialer Gerechtigkeit und Fairness.

6. **Beziehungen:** Der Beziehungsmotivierte mag Freundschaft, Freude und Humor.

7. **Familie:** Der Familienmotivierte liebt das Familienleben, will eigene Kinder großziehen.

8. **Rache/Wettbewerb:** Der Wettbewerbsmotivierte mag Konkurrenz, Kampf, Aggressivität und Vergeltung.

9. **Sinnlichkeit:** Der Sinnlichkeitsmotivierte ist scharf auf erotisches Leben, Sexualität und Schönheit.

10. **Ernährung:** Der Ernährungsmotivierte hungert nach Essen und Nahrung.

11. **Aktivitätsmotiv:** Der Aktivitätsmotivierte braucht Fitness und Bewegung.

12. **Ruhe:** Der Ruhemotivierte sucht Entspannung und emotionale Sicherheit.

Wir sind unterschiedlich scharf auf jedes einzelne Motiv. Jeder hat so eine Art Fingerabdruck, ein unverwechselbares Motivprofil. Die entscheidende Frage ist: Können Sie Ihre wichtigsten Motive ausleben und befriedigen? Wenn ja, geht es Ihnen gut. Wir sind unzufrieden und haben Motivationsprobleme, wenn wir uns verbiegen müssen, weil wir Dinge tun sollen, die nicht zu uns passen.

SELBSTERKUNDUNG

🖊 Welche der 16 Motive sind Ihnen am wichtigsten?

🖊 Welche Motive bedeuten Ihnen wenig?

🖊 Wir streben danach, die am höchsten bewerteten Motive zu befriedigen. Wie gut gelingt Ihnen das in der Arbeit, in der Familie, in der Freizeit?

🖊 Verbringen Sie möglicherweise zu viel Zeit mit Dingen, die Ihnen nichts oder wenig bedeuten?

Notizen:

....

....

....

....

....

....

....

....

4.2

Unbewusste Motive

Warum nennt man die fünf unbewussten, impliziten oder Bauchmotive auch geheime Motive? Ihr Geheimnis besteht darin, dass sie sich nicht ohne Weiteres beobachten und abfragen lassen und uns nicht bewusst ist, wie stark oder schwach sie bei uns ausgeprägt sind und wie sie unser Verhalten beeinflussen. Die Bauchmotive hatten wir bereits in Kapitel 1 kurz angesprochen.

Nahrung und Sex

Nahrung ist das erste Bauchmotiv. Wenn wir nichts im Bauch haben, ist bald Schluss, ohne Essen und Trinken geht es nicht. Dem zweiten Motiv, dem Sex, verdanken wir unser Leben. Ohne Sex wird es uns nicht wieder genommen, schlimmstenfalls hinterlassen wir keine Spuren im Erbgut folgender Generationen, stellt der Evolutionspsychologe *Geoffrey Miller* lapidar fest. Die Basismotive Nahrung und Sex verdienen das Etikett „implizit" nur eingeschränkt, beide drängen sich ins Bewusstsein. Vermutlich haben Sie schon unter Kohldampf gelitten und vielleicht kennen Sie „notgeil" aus der Jugendsprache.

Die folgenden drei impliziten Motive lenken uns wirklich unbewusst. Ihre Ausprägung haben wir zum größeren Teil geerbt und zum kleineren Teil in der frühen Kindheit erworben.

WAS bin ich? WIE bin ich? WOZU bin ich?

Anschluss

Aufgrund des Anschlussmotivs suchen wir nach zwischenmenschlicher Nähe und Bindung. Wir wollen gemocht werden, freundschaftliche Beziehungen aufnehmen, aufrechterhalten und wenn nötig reparieren. Ohne Anschluss hätten wir unsere ersten Jahre nicht überlebt. Auf sich alleine gestellt, hätten unsere Vorfahren Notzeiten nicht überstanden. Anschlusslosem Sex entspringt kein neues Leben. Das Anschlussmotiv ist genetisch verankert, wird aber durch positive (Urvertrauen) oder traumatische Erfahrungen (Urmisstrauen) gestärkt oder beschädigt.

Leistung

Das Leistungsmotiv drängt uns, etwas zu schaffen, etwas gut zu machen oder etwas besser zu machen als es andere fertiggebracht haben. Es sorgt dafür, dass wir uns anstrengen, unsere Kompetenz erhöhen, etwas auf die Beine stellen, auf das wir stolz sein können. Wer sich anstrengt, sichert seine Existenz. Leistung bringt Erfolg. Der steigert unser Ansehen bei Mitmenschen, erhöht unseren Status und verbessert unsere Chancen auf dem Partnermarkt. Wer etwas leistet, ist fit, und wer fit ist, hat bessere Gene als ein Schlappschwanz. Das Leistungsmotiv kann sich entwickeln, wenn ein Kind etwas erreicht und darauf stolz sein darf, wenn es Herausforderungen bewältigt und sich Lernerfahrungen gut anfühlen.

Macht

Das Machtmotiv gibt es in zwei Varianten. Mit dem bewussten Machtmotiv haben wir uns bereits befasst. In uns drängt aber auch ein unbewusstes Machtmotiv nach Befriedigung, und das bei jedem Menschen unterschiedlich stark. Beide Machtmotivvarianten zielen darauf ab, anderen überlegen zu sein. Dies ist der Fall, wenn wir andere dominieren, führen, beeinflussen und kontrollieren und wenn wir Dinge bewegen. Durch Einfluss auf andere fühlt man sich stark, bedeutsam und groß. Wie das Leistungsmotiv lässt uns auch das Machtmotiv Situationen aufsuchen, in denen Status und Prestige zu gewinnen sind. Macht macht sexy. Wer einen hohen Status besitzt, hat sich durchgesetzt, hat Konkurrenten aus dem Feld geschlagen und ist offensichtlich fit. Wer mit Macht Schwächere von der Futterstelle verdrängen konnte, bekam eher den Bauch voll. Das unbewusste Machtmotiv kann sich bei einem Kind entfalten, das sich machtorientiert und aggressiv verhalten darf, ohne sofort eingeschränkt und gedeckelt zu werden.

Warum interessieren uns die geheimen Motive? Weil sie uns über die Gefühlsebene antreiben oder uns ein Schnippchen schlagen, ohne dass es uns bewusst wird. Sie unterstützen die bewussten Motive, und wir wundern uns somit, warum wir so gut drauf sind. Oder wir sind verwirrt, schlecht drauf und demotiviert und wissen nicht, warum. Das kann schon im Kindergarten passieren, wenn ein Kind, das als Kleinkind seine Lust an der Macht ausleben durfte, jetzt anderen Kindern den Vortritt lassen soll. Oder aus dem Kleinen mit dem starken Bindungsmotiv, der Freude an der Nähe zu anderen hat, wird später ein unglücklicher Chef, weil er sich in dieser Rolle immer wieder unbeliebt machen muss. Oder einer hat es leistungsmotiviert nach oben geschafft und scheitert als Chef, weil er keine Macht im Bauch hat und ihm die machtgestützte Führungsstärke fehlt. Warum interessieren uns die Bauchmotive noch? Weil wir uns (im ersten Kapitel) durch sie erklären konnten, was manche Bedeutungshungrige zu ihren hirnrissigen Taten treibt. Zudem werden wir im fünften Kapitel nachvollziehen können, dass ein starkes impliziertes Leistungsmotiv unser „Wie bin ich?" befeuert und ein starkes Machtmotiv unser „Was bin ich?".

Wie kommt man Bauchmotiven auf die Schliche? Ein Psychologe könnte den Thematischen Apperzeptionstest (TAT) an Ihnen ausprobieren. Sie betrachten Fotos (Trapezkünstler in der Zirkuskuppel, Personen in einer Arbeitsumgebung, Menschen in der Freizeit) und beantworten Fragen: Was geschieht gerade? Wer sind die dargestellten Personen? Was geschah zuvor? Wie begann die Geschichte? Was denken die Personen im Bild und wie fühlen sie sich? Was geschieht als Nächstes? Wie geht die Geschichte zu Ende? Beurteiler filtern anschließend aus Ihren Antworten, wie oft es um Macht, Leistung oder Bindung ging. Daraus schließt man, wie stark die drei Motive Ihre Gefühlswelt beherrschen.

Die Psychologin und Psychotherapeutin *Maja Storch* (2011) setzt bei Körpersignalen an, bei den sogenannten somatischen Markern. Das sind körperlich spürbare Lust- oder Unlustgefühle, wir haben Schmetterlinge im Bauch oder einen Klos im Hals. Nichts geschieht ohne unsere Emotionen und ohne unser Unbewusstes. Unser Körper signalisiert, was für uns richtig ist und wie wir uns entscheiden sollen. Der Psychologe *Timothy Wilson* gibt drei Tipps, wie man im Do-it-yourself-Verfahren an die eigenen impliziten Motive herankommt:

SELBSTERKUNDUNG

1. Achten Sie auf Ihr Verhalten. Wie Sie sich verhalten, sagt mehr über Sie aus, als was Sie über sich selbst denken. An meinen Taten kann ich mich erkennen!

2. Nehmen Sie Urteile der Umwelt ernst. Ihre wichtigen Bezugspersonen kennen Sie möglicherweise besser als Sie sich selbst.

3. Malen Sie sich die Folgen von Entscheidungen aus, bevor Sie sie treffen. Wie fühlt sich die vorgestellte, getroffene Entscheidung an? Welche Gefühle kommen hoch?

Notizen:

....

....

....

....

....

....

....

....

4.3

Welche Motive erfolgreiche Manager auszeichnen

Der amerikanischen Managementprofessor *Jim Collins* will wissen, was Spitzenmanager antreibt und warum manche Unternehmen einer Branche dauerhaft Spitze sind und andere, nach anfänglichen Strohfeuern, in die Bedeutungslosigkeit absinken. Seine Erkenntnis:

> Außerordentlich erfolgreiche Unternehmensführer zeichnen sich durch eine paradoxe Mischung aus Bescheidenheit (was ihre Person angeht) und professioneller Willenskraft in allen Belangen des Geschäftslebens aus.

Wenn *Jim Collins* Recht hat, besteht der ideale Motivmix für einen erfolgreichen Topmanager aus einem starken und zwei schwachen Motiven aus dem Reiss-Katalog: So einer setzt sich mit starkem Machtmotiv und schwachem Anerkennungsmotiv selbstbewusst durch und macht wegen seines unauffälligen Prestigemotivs keinen Wirbel um die eigene Person.

Die für den nachhaltigen Führungserfolg angesagte paradoxe Kombination von persönlicher Bescheidenheit und professioneller Willenskraft verlangt von den Alphatieren ein mittleres Kunststück. Um den Aufstieg zu schaffen, brauchen sie ein gewinnendes Auftreten und die Fähigkeit zur Selbstinszenierung, müssen Reklame für sich machen, ihre Qualitäten anpreisen, auf Statussymbole achten, sich ein prestigeträchtiges Image aufbauen und sich unbescheiden und mit großer Willenskraft nach oben boxen. Dort angelangt, sollen sie die Hälfte dessen, was sie erfolgreich werden ließ, vergessen, ab sofort demütig ihrem Job nachgehen und ihre Neigung und Fähigkeit zur Selbstinszenierung ablegen. Kein Wunder, dass nachhaltiger Führungserfolg dünn gesät ist.

5

Wer sind Sie?

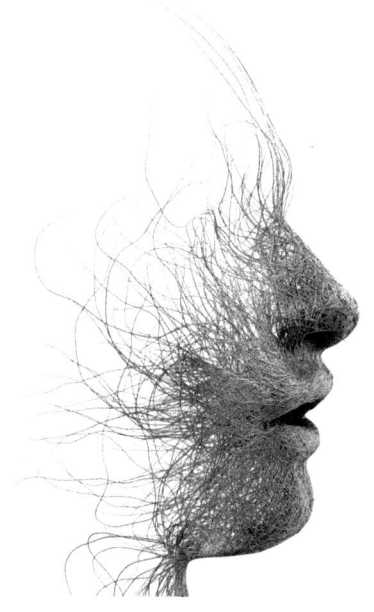

Die Leute sagen:
„Sei du selbst! Sei du selbst!"
und ich versuche noch immer herauszufinden, wer das ist.

(Die US-Schauspielerin Selena Gomez)

Ist Ihnen klar, wer Sie sind? Können Sie etwas da-
mit anfangen, wenn der amerikanische Autor *Leon
Wieseltier* (1995, S. 57) seine Identität als ein „Ge-
fühl wohliger Innerlichkeit" beschreibt? Verstehen
Sie *Hans Magnus Enzensberger* (1995), wenn er (am
Beginn seines Gedichtes „Von der Algebra der
Gefühle") behauptet: „Ich habe oft das Gefühl
(brennend, dunkel, undefinierbar usw.), dass das
Ich keine Tatsache ist, sondern ein Gefühl, das ich
nicht loswerde." Endet die Suche nach der eigenen
Identität in einer wohligen, undefinierbaren Ge-
fühlsduselei? Offensichtlich können wir mit der
Wer-bin-ich-Frage unsere Identität nicht erfassen.
Da hilft uns auch *Wilhelm Schmid* (1999, S. 252) mit

seinem Geschwurbel über das Kohärenzbewusstsein nicht weiter. Kohärenz soll das Gefüge sein, „das die vielen Aspekte des Ichs in einem vielfarbigen Selbst in einen wechselseitigen Zusammenhang bringt".

Greifen wir von den vielen Aspekten des Ichs drei handfeste heraus: Fragen wir erstens „Wie bin ich?" und machen unser Selbstbewusstsein an konkreten Fakten fest. Erhellen wir zweitens mit „Was bin ich?" unser Geltungsbewusstsein und zeigen damit, wie wichtig uns unsere Außenwirkung ist. Und zielen wir drittens mit „Wozu bin ich?" auf unser Sendungsbewusstsein, mit dem wir über uns hinauswachsen wollen. Dieses dreifarbige Selbst bringen wir in einen wechselseitigen Zusammenhang mit dem Geltungsbedürfnis und der Selbstsicherheit. Anschließend überlegen wir, ob sich mit der Frage „Wer bin ich?" ein vierter Identitätsaspekt, ein Kohärenzbewusstsein, finden lässt oder ob wir darauf verzichten können.

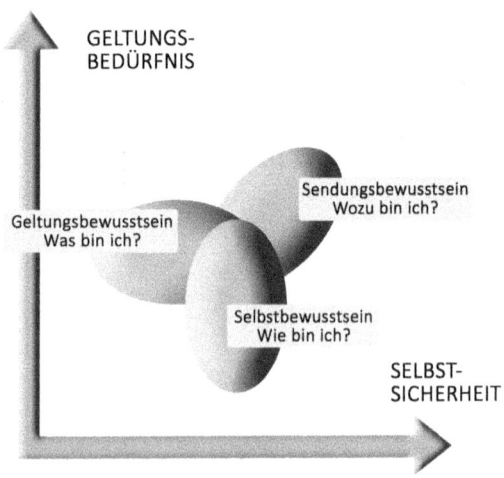

GELTUNGS-
BEDÜRFNIS

Geltungsbewusstsein
Was bin ich?

Sendungsbewusstsein
Wozu bin ich?

Selbstbewusstsein
Wie bin ich?

SELBST-
SICHERHEIT

5.1

Wie bin ich? – Selbstbewusstsein

„Ich schaue nicht mehr auf die anderen. Wie bereiten sie sich vor? Wie haben die und die gespielt? Auf wen trifft sie im Viertelfinale? Nein, vergiss das alles. Ich habe in den zwei Wochen in Melbourne gemerkt, dass man nicht unbedingt sein bestes Tennis spielen muss, um dort zu gewinnen. Man muss aber unbedingt bei sich selbst bleiben", so erklärte *Angelique Kerber* ihr geändertes Erfolgsrezept (2016, S. 104). Die damals 28-jährige Tennisspielerin läutete 2016 mit ihrer neu entdeckten Wie-Stärke ein persönliches Traumjahr ein, gewann die Australien Open und die US Open, zog ins Finale von Wimbledon ein, brachte von den Olympischen Spielen die Silbermedaille mit nach Hause und war 20 Wochen die Nummer eins der Weltrangliste.

Das Selbstbewusstsein ist der individuelle Teil der Identität, unser Bild von uns selbst, wie wir uns sehen, einschätzen und wertschätzen. Ein tragfähiges Selbstbewusstsein ist die Voraussetzung für ein selbstbewusstes Auftreten. Menschen mit gesundem Selbstbewusstsein strahlen Selbstsicherheit aus.

Das Selbstbewusstsein setzt sich aus zwei Komponenten zusammen: Die erste besteht aus einem hoffentlich stabilen Selbstwertgefühl. Diese erfassen wir mit der Frage: Was halte ich von mir selbst, wie mag ich mich selbst? Mit dieser Gefühlskomponente befassen wir uns ausführlich in Kapitel 7. Um die andere Komponente, den Kopf, kümmern wir uns jetzt. Diese loten wir mit der Frage aus: Wie sehe ich mich selbst, was macht mich aus?

Diese selbstbezogene Informationen gewinnen wir, wenn wir drei Quellen ausschöpfen:

Erstens durch *Selbstbeobachtung*. Die beginnt, hochtrabend ausgedrückt, mit der Inventur unseres Ressourcenportfolios. Was haben wir drauf, mit welchen Pfunden können wir wuchern? Es geht um unser Wissen und um unsere Fähigkeiten. Wo blicken wir voll durch, auf welchem Gebiet könnten wir den Telefonjoker für „Wer wird Millionär?" spielen? Welches Talent besitzen wir, wofür haben wir ein Händchen, was sind unsere Stärken und Schwächen, unsere Ecken und Kanten, unsere Eigenheiten, wie sieht unser Motivprofil aus, worin besteht unser Erfahrungsschatz? Durch Selbstbeobachtung bekommen wir nicht nur Einblicke in die Abteilung Kopf, sondern auch in unseren Gefühlsbereich, da geht es um Stimmungen, Hoffnungen, Ängste und um unser Selbstwertgefühl.

Zweitens gewinnen wir durch den *Vergleich* mit anderen Erkenntnissen über uns. Wie klug wir sind, wissen wir erst, wenn uns Klügere oder Dümmere über den Weg gelaufen sind. Wie es um unser Selbstwertgefühl steht, erkennen wir, wenn wir auf selbstsichere Leute prallen oder selbstunsicheren Mitmenschen begegnen. Die Selbstbeobachtung hat ihre Grenzen, darauf macht uns der Fußballphilosoph *Louis van Gaal* aufmerksam: „Alle Menschen besitzen Talente – aber sie wissen oft nicht, welche." Unser Selbstbild liefert uns nicht die ganze Wahrheit, wir sind auf Rückmeldungen anderer angewiesen. „Ich würde meine Fähigkeiten selbst dann nicht erkennen, wenn ich darüber stolpern würde", weiß der Traumjobscout *Richard Bolles* (2009).

Die dritte Quelle selbstbezogener Informationen sind *Rückmeldungen*. Durch sie kommen wir an „stille Ressourcen" heran, die uns selbst nicht bewusst sind. *Madeleine Leitner* (sie hat die Traumjob-Bibel von Richard Bolles ins Deutsche übersetzt) meint: „Merkwürdigerweise ist vielen gar nicht bewusst, was sie am besten können, eben weil es ihnen so leicht fällt. Sie halten ihre größten Potentiale für selbstverständlich. Das ist eine Art Betriebsblindheit."

Das Ergebnis aus Selbstbeobachtung, Vergleich und Rückmeldung ist die Antwort auf die Frage „Wie bin ich?" und beschreibt den individuellen Teil unserer Identität.

Unser Ressourcenportfolio ist unser Alleinstellungsmerkmal. Der amerikanische Maler *Edward Hopper* behauptet: „Jeder Künstler hat einen originären Kern, eine Identität, die nur ihm eigen ist." Das gilt für jeden Menschen, nicht nur für Künstler. Das sehen auch die Psychologen *Jens-Uwe Martens* und *Julius Kuhl* so: „Alle Menschen sind verschieden, jeder für sich ist einzigartig."

Bazon Brock (2005) spricht von zwei Naturen, die unsere Person ausmachen: „Jeder Mensch hat einen Rahmen, den er nicht erweitern kann. Sie können dagegen anrennen, dann ergibt sich eine Ausbuchtung wie bei einer Gummiwand, aber sie geht doch wieder zurück. Man lebt von dem Potential, das man von der Natur mitbekommen hat." Das ist die erste Natur. „Wobei die Gesellschaft, also die Gesamtheit aus Erziehung, Herkunft, Erlebnissen der Jugend und so weiter, eine zweite Natur ist."

Unser Selbstbewusstsein bestimmt, in welchem Bereich einer vierstufigen Skala der Selbstsicherheit wir uns schwerpunktmäßig bewegen, ob wir selbstunsicher, selbstkritisch, selbstsicher oder selbstüberschätzend sind (siehe Kapitel 7). Vielleicht hat *Angelique Kerber* an ihrem Selbstbewusstsein gearbeitet und ihren Gegnerinnen mit einer an Selbstüberschätzung grenzenden Selbstsicherheit den Schneid abgekauft.

5.2

Was bin ich? – Geltungsbewusstsein

„Ich bin ein Entertainer, der Tennisplatz ist meine Bühne. Es gibt nichts schöneres, als wenn Menschen ein Ticket kaufen, um eine Vorstellung von mir zu sehen" (*Schmieder*, 2016, S. 36). Die damals 28-jährige Tennisspielerin *Maria Scharapowa* war zu Beginn des Jahres 2016 nicht die weltweit beste Tennisspielerin, aber laut Forbes-Magazin die seit zehn Jahren bestverdienende Sportlerin der Welt. Die Zuschauer sollen nicht nur ein Spiel von ihr sehen, sondern eine Vorstellung erleben. Ein Grand-Slam-Turniert ist für sie nichts anderes als ein Rockkonzert oder eine Theateraufführung. *Maria Scharapowa* ist nicht nur Wie-stark und spielt auf höchstem Niveau Tennis. Ihr Karriereerfolg basiert auch auf ihrer Was-Stärke. Sie spielt gut und verkauft sich gut, sie ist selbstbewusst und geltungsbewusst.

Das Geltungsbewusstsein ist der soziale Teil der Identität. Wir stehen auf dem Marktplatz, lassen uns von unseren Mitmenschen taxieren und uns sagen, was wir in ihren Augen wert sind, welchen Status sie uns zubilligen und auf welcher Ranghöhe wir zu anderen aufblicken sollen oder herabblicken dürfen.

„Man könnte sagen", schreibt *Alain de Botton* (2004, S. 19), „das Verhalten der anderen ist von grundlegender Bedeutung für uns, weil wir mit einem angeborenen Selbstzweifel behaftet sind, und so bestimmt das, was andere von uns halten, entscheidend mit, wie wir uns selbst sehen. Das Urteil der anderen hält unser Selbstbild am Gängelband. Lachen sie über unsere Witze, wird unsere Überzeugung, witzig zu sein, gestärkt. Loben sie uns, entwickeln wir den Glauben, große Verdienste zu haben. Doch blicken sie bei unserem Eintreten zur Seite oder begegnen uns mit Ungeduld, kaum dass wir unseren Beruf nennen, können uns Selbstzweifel und Minderwertigkeitsgefühle befallen."

Was verleiht Menschen Status und bringt ihnen das damit verbundene Prestige? Manchen fällt er unverdient in den Schoß, andere haben ihn für sie verdient und ihnen vererbt. Manche werden von einer prominenten Mutter geboren. Einige haben sich ihren Status sportlich verdient, waren eine hundertstel Sekunde schneller unterwegs als die

WAS bin ich? WIE bin ich? WOZU bin ich?

Konkurrenz. Andere haben sich durch berufliche oder künstlerische Leistungen hervorgetan, Heldentaten vollbracht, etwas entdeckt oder einen prestigeträchtigen Beruf gewählt. Der Rang lässt sich auch verdienen, durch Dienstalter oder Dienstgrad. Manche erbetteln oder erschwindeln sich ihren Status durch Einsatz von Statussymbolen, durch Angeberei oder Hochstapelei. Status gibt es auch einigermaßen talentfrei, sofern zumindest das Talent zum Gewinnen von Aufmerksamkeit vorhanden ist und den Promistatus beschert. *Paul J. Kohtes* (2005, S. 20) warnt vor einer zu starken Was-bin-ich-Fixierung: „Wenn wir uns nahezu ausschließlich über die Position und die Rolle, die wir in der Gesellschaft haben, definieren, bleibt ein großer Teil unserer Identität unterentwickelt."

Am 26. Januar 2016, während der Australian Open in Melbourne, wurde *Maria Scharapowa* positiv auf die verbotene Substanz Meldonium getestet. Sie stellt ihren Dopingfall als Versehen dar. Sie nehme dieses Medikament schon seit 2006 und habe schlicht übersehen, dass es seit Anfang Januar 2016 auf der Dopingliste stand. „Ich habe nicht auf die Liste geschaut." Wie viele andere Spitzensportler ist sie ein gesundheitlicher Pflegefall und braucht dieses Herzmittel, weil sie oft krank war, unter Magnesiummangel litt und ein unregelmäßiges EKG hatte. Auch die Tour de France fahren nur Asthmakranke, die ein Spray dabeihaben, um besser atmen zu können. *Maria Scharapowa* stürzte in keine Sinnkrise. Ihre Sperre wurde von zwei Jahren auf 15 Monate verkürzt, und sie konnte im April 2017 beim Porsche Grand Prix in Stuttgart ihr Comeback feiern.

5.3

Wozu bin ich? – Sendungsbewusstsein

„Ich schaffe nichts Bleibendes! Ich spiele Tennis – das bringt keinen weiter im Leben." So fasste *Andrea Petkovic* in einem Interview ihre zeitweilige Sinnkrise nach zehnjährigem, erfolgreichem Profidasein zusammen (2016, S. 39). Sie sinniert über ihre Identität: „Wenn man jung ist, hält man sich Türen offen. Man glaubt, man kann alles werden, Tennis-Star, Schauspieler, Ärztin, Anwältin, Bundeskanzler. Irgendwann schließen sich Türen. Und das wurde mir bewusst. Ich bin jetzt seit zehn Jahren Profi. Ich werde keine Ärztin mehr! Keine Anwältin! Kein Studentenleben führen!" Der Interviewer wirft ein: „Warum nicht? Sie sind erst 28." *Andrea Petkovic*: „Das ist doch unwahrscheinlich! Die Türen sind einen Spalt offen, ja. Aber sie schließen sich langsam. In mir stieg die Frage auf: Will ich für immer Tennis spielen? Was verpasse ich dadurch? Das sind komische Fragen, im Nachhinein. Aber sie haben die Sinnkrise gespiegelt."

Zum Sendungsbewusstsein kann man auch Sinnbewusstsein sagen. Das deckt aber nur die innere Seite des Wozu-Aspektes ab, den Wunsch, mit seinem Leben etwas Sinnvolleres anzufangen. „Mensch sind glücklich, wenn sie gute Beziehungen führen, zu anderen Menschen, zu ihrer Arbeit und zu etwas, das größer ist, als sie selbst", sagt der Psychologe und Glücksforscher *Jonathan Haidt* in „The Happy Film" von und mit *Stefan Sagmeister*.

WAS bin ich? WIE bin ich? WOZU bin ich?

Sinn entsteht, wenn Menschen das Leben nicht nur vor sich hinplätschern lassen, sondern etwas Besonderes daraus machen, über sich hinauswachsen, etwas Bleibendes schaffen und Spuren hinterlassen.

Menschen, die mit sich und ihrem Leben nichts Sinnvolles anfangen können, kommen oft auf die rettende Idee der Hilfe zur Selbsthilfe. Sie wollen Mitmenschen glücklich machen und damit in Wahrheit dem eigenen Glück auf die Sprünge helfen. Das ist die äußere Seite der Frage „Wozu bin ich?", und Missionsbewusstsein wäre die passende Bezeichnung. Nicht jeden treibt eine innere Not. Manche, die der Menschheit etwas zurückgeben wollen, plagt auch ein schlechtes Gewissen, weil sie ihren Mitmenschen vorher etwas weggenommen haben. Wer die Menschheit erlösen will, will sich nicht selten von seiner inneren Leere erlösen. Revolutionäre und Religionsstifter sind oft selbstwertschwache Narzissten, die sich auf den Sockel oder die Kanzel stellen, groß rauskommen wollen und sich bewundern und beweihräuchern lassen. Selbstverständlich kann das Missionsbewusstsein auch edlen, uneigennützigen Motiven entspringen, man will notleidenden Menschen helfen und menschliches Leid verringern.

Das Sendungsbewusstsein besteht aus Sinnbewusstsein (Was gibt meinem Leben Sinn?) und aus Missionsbewusstsein (Was ist meine Mission auf dieser Welt?).

Charles Handy (2007) sieht den Wozu-Aspekt pragmatisch. Er meint, es gehe im Leben darum, einen Beitrag zu etwas leisten zu wollen, das größer ist als wir selbst. Für ihn muss das nicht weltbewegend sein, es reicht, Kinder in die Welt zu setzen und aufzuziehen. Die wachsen uns dann irgendwann über den Kopf, und wir haben wirklich etwas geleistet, was größer ist als wir selbst. Man kann auch einen Garten anlegen, ein Unternehmen gründen, ein Buch schreiben, Leben retten, Kranke heilen oder Kinder unterrichten. Viel Geld scheffeln lässt *Handy* (S. 27) nicht gelten: „Ein Grabstein, in den gemeißelt wurde, wie viele Millionen der dort beerdigte Mensch verdient hat, beeindruckt niemanden, der daran vorübergeht. Wichtig ist, was mit diesen Millionen getan wurde."

Noch einmal zur Tennisspielerin *Andrea Petkovic*. Die hat ihr Abitur mit der Note 1,2 abgeschlossen. Warum bildet sie sich mit 28 ein, keine Ärztin mehr werden zu können? *Marianne Koch* unterbrach das Medizinstudium zugunsten ihrer Schauspielerkarriere, nahm es mit 40 wieder auf und schloss es mit 43 erfolgreich ab.

5.4

Also: Wer bin ich? – Kohärenzbewusstsein

Angeblich gibt es keine dummen Fragen, nur dumme Antworten. Sind wir dumm, wenn wir auf eine Frage keine kluge Antwort finden? Oder lässt sich die Frage „Wer bin ich?" nicht sinnvoll beantworten, weil sie unsinnig ist? Ich schlage vor, wir vergessen die Wer-bin-ich-Frage. Sie sucht nach dem Großen und Ganzen der Identität, und das ist möglicherweise zu hoch gegriffen. Beschränken wir uns besser auf die drei konkreten Teilfragen. Bringt uns darüber hinaus die Vorstellung eines Kohärenzbewusstseins etwas?

Wilhelm Schmid beschreibt Kohärenz als die in sich und in der Zeit als beständig erlebte Einheit der Person, die uns das Gefühl einer relativen Beständigkeit verschafft, inmitten aller Veränderlichkeit und Widersprüchlichkeit.

Seine Fragen, mit denen er das „Wer bin ich?", das Gefühl der Kohärenz, einkreisen will, sind:

SELBSTERKUNDUNG

- Was macht mich aus?
- Wie verstehe ich mich selbst?
- Wie nehme ich mich selbst wahr, welches Bild habe ich von mir?
- Was halte ich von mir?
- Wie komme ich mit mir klar?

Notizen:

....

....

....

....

Alle Fragen lassen sich auch beim „Wie bin ich?" stellen, alle haben etwas mit dem Selbstbewusstsein, mit der Selbstakzeptanz zu tun.

Wer auf das „Wer bin ich?" nicht verzichten will, kann die Schnittmenge aus dem Wie, Was und Wozu als Kohärenz bezeichnen.

Der Verzicht auf die Wer-Frage würde der Schauspielerin *Selena Gomez* aus ihrem Schlamassel helfen. Sie will es Leuten recht machen, die ihr raten „Sei du selbst!". Doch leider versucht sie „noch immer herauszufinden, wer das ist", weil sie mit der falschen Frage nach ihrer Identität sucht. Liebe Frau *Gomez*, fragen Sie nicht länger „Wer bin ich?", fragen Sie lieber „Wie, was und wozu bin ich?", dann gehen Ihnen drei Lichter auf, und Sie können den Leuten sagen: „Ich habe mich gefunden!"

5.5

Ist das Leben sinnlos oder die Sinnsuche?

Die Fragen „Wer bin ich?" und „Wozu bin ich?" sind eng mit der Fragen aller Fragen verknüpft: „Was ist der Sinn des Lebens?" Jeder Dritte ist mit diesem Rätsel schnell fertig, weil es ihn gar nicht interessiert. Denn dreißig Prozent der Deutschen gehören zur Gruppe der „existenziell Indifferenten", die mit Sinnfragen nichts am Hut haben. Das

159

hat *Tatjana Schnell* herausgefunden und konnte ihr Forschungsergebnis kaum glauben, aber es scheint zu stimmen (2014, S. 40). In einer Studie der Identity Foundation (2006) fanden sich noch mehr Sinnverweigerer: Danach sind sogar vierzig Prozent der Bevölkerung „unbekümmerte Alltagspragmatiker", die Fragen nach dem Sinn des Lebens als irrelevant betrachten. Der Hirnforscher *Gerhard Roth* freut sich über diese Zahlen, da er der Ansicht ist, dass wir nun einmal mit einem minimalen Sinn des Lebens auskommen müssten, nur unreife Personen hätten dies noch nicht kapiert und würde in Ideologien nach einfachen Wahrheiten suchen.

Für *Tatjana Schnell* ist die Suche nach dem Sinn des Lebens durchaus sinnvoll. Sie verdient ihre Brötchen damit. Die Professorin für psychologische Sinnforschung an der Universität Innsbruck hat über das Thema „Zur Psychologie des Lebenssinns" promoviert. Ihre Internetpräsenz www.sinnforschung.org informiert leserfreundlich über den Forschungsstand und bietet Sinnsuchenden praktische Lebenshilfe. Leider interessieren sich die existenziell Indifferenten überhaupt nicht für ihr Lebensthema. Im Interview stellt sie fest: „Man kann aber sicherlich von Entfremdung sprechen, wenn Menschen indifferent, also gleichgültig, oberflächlich, ohne vertiefendes Engagement, Wert- oder gar Sinnorientierung leben – und das noch nicht einmal bemerken oder gar als Problem wahrnehmen oder hinterfragen." Blitzt da verletzte Eitelkeit durch? Jeder zwanzigste Bundesbürger leidet unter einer belastenden Sinnkrise, hat sie herausgefunden. Soll sie doch froh sein, dass ihre Indifferenten nicht dazu gehören.

Auch den unbekümmerten Alltagspragmatikern sind Fragen nach dem Sinn des Lebens schlicht fremd: „Sie sind vor allem an der eigenen Zufriedenheit und wirtschaftlichen Lage interessiert. Die gelegentlich aufkeimende Sinnfrage lösen sie über ihr Engagement im Beruf und über familiäre und freundschaftliche Beziehungen" (Identity Foundation, 2006).

Unbekümmert ging der alltagsindifferente *Robert Gernhardt* mit der Sinnfrage um. Für ihn war Sinn alles, was Menschen daran hindert, in den nächsten fünf Minuten aus dem Fenster zu springen. *Rolf Dobelli* rät uns auf seiner Homepage, die Frage nach dem Sinn des Lebens könne man sich gar nicht selten genug stellen. Der Nobelpreisträger *Daniel Kahneman* (2012, S. 249) drückt es etwas wissenschaftlicher aus: „Unsere beruhigende Überzeugung, dass die Welt einen Sinn hat, ruht auf einem sicheren Fundament: unserer beinahe unbegrenzten Fähigkeit, die eigene Unwissenheit zu ignorieren."

Was nun? Die Sinnverweigerer fühlen sich bestätigt und die ernsthaften Sinnsucher fühlen sich veralbert. Die ungarische Philosophin *Agnes Heller* hilft beiden Fraktionen weiter. Einerseits erstaunt sie die Frage nach dem Sinn „als ob das Leben ein Rätsel wäre, das man lösen könnte" und gibt andererseits doch eine Antwort:

„Der Sinn des Lebens ist zu leben. Wir sind in die Welt geworfen, es gibt keine alternative Geschichte."

Der Philosoph und Liedermacher *Konstantin Wecker* springt ihr bei: „Die Frage nach dem Sinn des Le-

161

bens erübrigt sich: Das Leben ist der Sinn." Ob Sie nun weiter nach dem Sinn des Lebens suchen oder mit der Suche gar nicht erst anfangen:

Sie sollten Ihrem Leben auf jeden Fall einen Sinn geben!

6

Wie viel Schein braucht Ihr Sein?

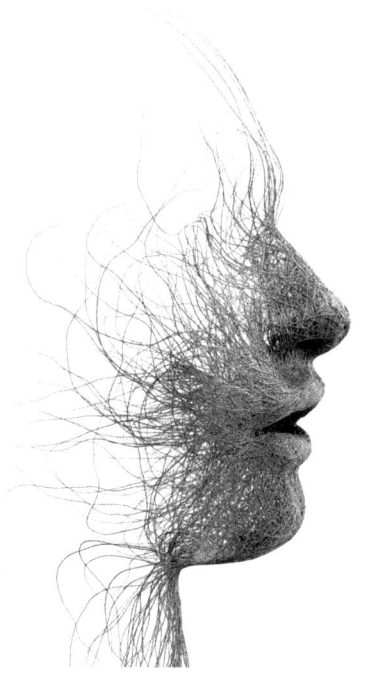

Leere Dosen klappern am Lautesten.

(Lebensweisheit)

Die Eltern wussten, wie man die spätere Karriere ihrer Prinzessin inszeniert und worauf es auf dem Markt der Eitelkeiten ankommt. Sie gaben ihrer Tochter nicht nur das passende Äußere mit, sondern statteten sie auch mit einem glänzenden Namen aus. Jetzt steht die Schönheitskandidatin *Camarosa* auf dem Treppchen und fiebert ihrem europäischen Durchbruch entgegen. Sie kommt frisch daher, mit gleichförmigem Idealkörper und in ihrer makellosen Haut spiegelt sich das Licht. Leider wird sie von einem Mitglied der Jury gnadenlos vom Sockel gestoßen. *Detlef Ulrich* hält die Kandidatin mit dem verführerischen Namen für oberflächlichen Schein. Man erkenne „die mangelnden inneren Werte dieser faden Frucht" erst, wenn man längst ihren äußeren Reizen erlegen sei. In seinen Augen hinterlässt die Schönheit trotz ihres geradezu perfekten Äußeren keinen bleibenden Eindruck, sie hat keinen Biss, kein Flavour. Mit diesem englischen Begriff meint der Scharfrichter *Ulrich* nicht nur den Geschmack, sondern ein ganzes Bündel von Sinneseindrücken wie Bissgefühl, Bissgeräusch, Mundgefühl und Aroma. Alles habe die Erdbeere *Camarosa* verloren, weil die Lebensmittelindustrie nur an der Oberfläche interessiert sei, klagt der Aromaforscher *Dr. Detlef Ulrich* vom Quedlinburger Julius Kuhn-Institut der Bundesanstalt für Züchtungsforschung.

6.1

Schein und Sein

Es gibt das Äußere und das Innere, äußeren Glanz und inneren Wert, Fassade und Kern, Verpackung und Inhalt. Manches ist Offensichtlich, anderes blüht im Verborgenen. Manchmal ist drin, was außen draufsteht, aber es gibt auch Mogelpackungen. Das gilt auch für die Identität. Auch die besteht aus außen und innen, aus äußerem Gelten und innerem Sein. Wie stark ist unser Geltungsbedürfnis ausgeprägt?

STUFE 4: geltungssüchtig

STUFE 3: geltungsbewusst

STUFE 2: zurückhaltend

STUFE 1: scheu

Die Skala des Geltungsbedürfnisses, die wir bereits im letzten Kapitel kurz kennengelernt haben, ist nach oben offen.

Scheu

Auf der untersten Stufe befinden sich die scheuen Menschen. Sie neigen zur entwertenden Untertreibung, verkriechen sich vor ihren Mitmenschen, wollen nicht im Mittelpunkt stehen, schon gar nicht im Rampenlicht. Scheue überlassen anderen das Feld. Sie sitzen lieber in der letzten Reihe als in der ersten. Noch lieber ist ihnen ein Stehplatz in der Nähe des Ausgangs, dann können sie flüchten, wenn man sie auf die Bühne zerren will.

Ausnahmen bestätigen die Regel. Der scheue *Kirill Petrenko* stellt sich freiwillig auf die Bühne, sein Job funktioniert im stillen Kämmerlein nicht. Aber er hat sich ausbedungen, dass er mit dem Rücken zum Publikum arbeiten darf. Kritiker jubeln ihn zum weltweit begehrtesten Dirigenten hoch: Der Bescheidene lenke den Applaus, der ihm gelte, sofort auf seine Musiker um. Der Medienscheue verkaufe sich nicht über Statements, lasse lieber die Musik für sich sprechen. Stardirigenten neigten normalerweise eher zu großen Gesten und Posen als zum

165

genauen Taktschlagen, *Petrenko* bewege sich dagegen so deutlich, „dass auch ein Jugendorchester nach seinem Stab spielen könnte". Für den Kritiker *Lucas Wiegelmann* ist er „der unbekannteste berühmte Dirigent der Welt". Eine zunehmende Öffentlichkeitsscheu begleitet seinen zunehmenden Erfolg. Interviews geht er aus dem Weg: „Bringt nichts. Kostet nur Zeit." Erfolg kommt nur selten so scheu daher. Scheue Menschen sind introvertiert und machen unauffällig und unbeschwert ihr Ding in Betätigungsfeldern, in denen keine Show gefragt ist. Sie stellen ihr Licht unter den Scheffel und überlassen den Lauten das Feld. Die haben wenig zu bieten, vermarkten das Dürftige aber umso besser. Öffentlichkeitsscheu muss keine persönliche Macke sein. Manche halten sich zurück, weil sie sonst verlieren, was sie gerne behalten. Sie wollen unerkannt, unbelästigt und ungefährdet unterwegs sein.

Eher selten ist die gesteigerte Scheu, unter der die erfolgreiche Schriftstellerin *Elfriede Jelinek* leidet. Nicht einmal ihren Nobelpreis konnte sie persönlich entgegennehmen: „Ich bin psychisch nicht in der Lage, das durchzustehen. Ich habe eine soziale Phobie und kann diese Menschenmenge nicht ertragen."

Zurückhaltend

Was zeichnet zurückhaltende Menschen aus? Schauen Sie sich eine Talkshow an, dann wissen Sie es. Dort sitzt das genaue Gegenteil. Wer sich vornehm zurückhält, sucht keine Aufmerksamkeit, drängt sich nicht in der Vordergrund, produziert und inszeniert sich nicht, ist nicht vorlaut, lässt andere ausreden und ist als Talkshowteilnehmer im falschen Film. Zurückhaltende Menschen orientieren sich am (leicht abgewandelten) Spruch von *Mark Twain*: „Es ist besser, den Mund zu halten und für einen Idioten gehalten zu werden, als das Maul aufzureißen und jeden Zweifel darüber zu beseitigen."

Geltungsbewusst

Talkshowprofis beherrschen die Kunst, anderen ins Wort zu fallen, um selbst ausreden zu dürfen. Sie fallen in die dritte und vierte Stufe des Geltungsbedürfnisses, sind mindestens geltungsbewusst, meist geltungssüchtig. Nichts gegen ein gesundes Maß an Selbstbehauptung und Durchsetzungsfähigkeit. Wer etwas zu sagen hat und mitreden will, muss sich Gehör verschaffen. Wer etwas verändern will, muss andere von seinen Ideen überzeugen. Wer gewählt werden will, muss auf sich aufmerksam machen.

Geltungssüchtig

Die Gefahr der entwertenden Übertreibung markiert die Grenze zwischen geltungsbewusstem Auftritt und geltungssüchtigem Getue. Die geltungsbewusste Tugend verkommt zur lächerlichen, lästigen, selbstschädigenden Untugend. Auf der vierten Geltungsstufe tummelt sich das bunte Völkchen aus Geltungssüchtigen, Narzissten, Hochstaplern und Größenwahnsinnigen. Sie sind uns in Kapitel 1 bereits über den Weg gelaufen. In Kapitel 8 überlegen wir uns Strategien, wie wir ihnen begegnen, ohne selbst den Kürzeren zu ziehen.

167

WAS bin ich? WIE bin ich? WOZU bin ich?

Auf welcher der vier Stufen ist Ihr Geltungsbedürfnis angesiedelt?

- geltungssüchtig

- geltungsbewusst

- zurückhaltend

- scheu

Glückwunsch, wenn Sie sich im grünen Bereich zwischen geltungsbewusst und zurückhaltend befinden und wissen, wann Sie sich zur Geltung bringen müssen und wann es besser ist, sich zurückzuhalten.

Ein Narzisst müsste sich als geltungssüchtig einstufen. Dies wird er aber nicht tun, weil ihm nicht bewusst ist, dass er ein Narzisst ist. Das müssten ihm andere sagen. Die haben es erfolglos versucht und aufgegeben, weil sie sich eine blutige Nase geholt haben (siehe Kapitel 8).

Schade, wenn Sie scheu Ihr Licht unter den Scheffel stellen und den Lauten das Feld überlassen. Hoffentlich ist Ihr Abstand zur sozialen Phobie groß genug.

Notizen:

....

....

....

....

....

....

6.2

Statussucher und Sinnsucher

Menschen unterscheiden sich darin, ob ihr Identitätsgefühl eher von außen oder von innen bestimmt wird. Manche lieben den äußeren Schein, andere das innere Sein. Der Soziologe *Martin Doehlemann* (1996) nennt die einen Statussucher und die anderen Sinnsucher, das haben wir in Kapitel 3 bereits angesprochen.

Statussucher beziehen ihr Selbstverständnis aus ihrem Ansehen in der Öffentlichkeit und definieren sich durch die Rückmeldungen ihrer Mitmenschen.

Alle Menschen brauchen zur Selbstvergewisserung den Spiegel ihrer Mitmenschen, „aber die einen schauen andauernd in den antwortenden Spiegel und die anderen eher nur beiläufig. Sie sehen sich mehr auf ihrem inneren Territorium um".

Dem Sinnsucher ist innere Stimmigkeit und Unabhängigkeit wichtiger als äußerer Erfolg und Status. Sein Prestigemotiv ist schwach und sein Unabhängigkeitsmotiv stark.

Beruflich taugt er nicht zum Chef, das hält ihn von seiner befriedigenden Sacharbeit ab, aber auch nicht so recht zum Mitarbeiter, das widerstrebt seinem Unabhängigkeitsdrang. Für einen Sinnsucher wird es schwierig, wenn er seinen Werten untreu wird und seine innere Stimmigkeit in Gefahr gerät.

Statussucher taugen eher zum Manager und besitzen die dazu nötige Karriereorientierung. Probleme drohen Außenorientierten aus zwei Richtungen. Erstens liefern sie sich Prestigezuerkennern aus. Das geht gut, solange die Prestigezufuhr anhält, und wird zum Problem, wenn die Zuerkenner ihre Gunst verweigern und sich in Prestigeaberkenner verwandeln. Zweitens sind Statusversessene auf die Befriedigung ihres Geltungsdranges aus, und der Drang kann zur Sucht werden.

Befriedigung und Zufriedenheit sind zweierlei. Die Suche nach Befriedigung hat Suchtcharakter, braucht immer höhere Dosen und kommt nie ans Ende. Zufriedenheit ist endlich, kommt von innen und ist das Glück des Sinnsuchers.

Einen großen Teil der positiven und negativen Einflüsse auf den Selbstwert beziehen wir aus dem Beruf, aber aus unterschiedlichen Quellen. Der innengeleitete Sinnsucher ist mit sich zufrieden, wenn er sich in einer sinnvollen Tätigkeit verwirklichen kann, es ihm die Arbeit erlaubt, seine Werte zu befriedigen, und er nichts tun muss, was gegen seine Überzeugungen verstößt. Der außengeleitete Statussucher ist bei seiner Selbstbewertung stark abhängig von den Einschätzungen und Rückmeldungen anderer. Damit ist das Selbstwertgefühl des Außengeleiteten bei beruflichem Misserfolg stärker gefährdet als beim Innengeleiteten. Es bleibt aber bei beiden Typen eher stabil, wenn der Jobverlust der allgemeinen Wirtschaftsentwicklung zugeschrieben wird und nicht dem eigenen Ungenügen. Das entspricht unserer Tendenz, für Erfolge gerne uns selbst verantwortlich zu machen und Misserfolge eher den Umständen oder anderen Menschen in die Schuhe zu schieben. Die externe Ursachenzuschreibung ist weniger belastend und selbstwertdienlicher, sie erspart uns Selbstvorwürfe, und wir kommen um eine Selbstverurteilung herum. Insgesamt ist aber der statushungrige Geltungssucher noch etwas mehr als der innengeleitete Sinnsucher darauf angewiesen, für Fehlschläge und Misserfolge andere verantwortlich zu machen.

Statussucher sind Meister der Verdrängung und suchen die Schuld für das eigene Scheitern grundsätzlich bei anderen. Die in sich ruhenden Sinnsucher halten es eher aus, sich die Ursachen für Fehlschläge selbst zuzuschreiben, sie besitzen ein stabileres Selbstwertgefühl.

6.3

Face und Substanz

Die Unterscheidung von „face" und „substance" hat *Kurt Kister* (2008) aus den USA mitgebracht. Damit beschreibt man dort Politikertypen.

Face meint das Gesicht, die Oberfläche. Das sind der äußere Eindruck eines Politikers, sein Aussehen, seine Ausstrahlung, wie sympathisch er rüberkommt. Die Außenwirkung ist da, auch wenn man nicht oder noch nicht weiß, was in diesem Menschen steckt.

Substanz ist „das, was der Mensch denkt oder will und darüber hinaus, wie er denkt und was er weiß, welche Pläne er hat, wie ernsthaft er ist und wie es um seine Moral bestellt ist" (*Kurt Kister*).

WAS bin ich? WIE bin ich? WOZU bin ich?

Der ideale Politiker hat beides, Face und Substanz. Er steht für Inhalte, ist kompetent, seriös, moralisch integer, kann sich aber auch gut verkaufen, hat Charisma, kann Menschen für sich und seine Inhalte einnehmen. *Nelson Mandela* ist für *Kurt Kister* so ein Idealfall. Ob er mit *John F. Kennedy*, seinem zweiten Paradebeispiel, richtig liegt? Sicher hatte der Face im Übermaß. Aber wie viel steckte wirklich hinter der Fassade? *Helmut Schmidt* soll ein Politiker mit mehr Substanz als Face gewesen sein. Ob das *Kurt Kister* richtig sieht, wenn man sich an die weihrauchumwölkten Selbstinszenierungen des Welterklärers und Politschauspielers erinnert?

Nur mit Substanz geht es in der Demokratie nicht. Wer gewählt werden will, darf gut aussehen, freundlich wirken und sich gut verkaufen. Ohne Substanz geht es auch nicht. Das zeigt die Karriere des *Freiherrn von und zu Guttenberg*: „Seine Entzauberung bestätigt alle, die meinen, dass Eloquenz nur Tarnung ist für einen Mangel an Substanz." Für den Psychoanalytiker *Hans-Jürgen Wirth* (2015, S. 38) ist ein Hochstapler für das Feld der Politik besonders prädestiniert: „Man muss nicht über eine spezifische Berufsausbildung verfügen, um Politiker werden zu können. Stattdessen kommt es vor allem darauf an, andere Menschen von den eigenen Fähigkeiten und guten Absichten überzeugen zu können. Wer mehr scheint, als er tatsächlich ist, hat in der Politik eher Aussichten auf Erfolg als derjenige, der sein Licht unter den Scheffel stellt. Was für manche Politiker zur Qual wird, nämlich ständig unter den wachsamen Augen der Öffentlichkeit leben zu müssen, ist für diesen Typus des Hochstaplers eine günstige Bedingung, um seine Als-ob-

Persönlichkeit voll zum Einsatz bringen zu können. Er fühlt sich erst richtig wohl, wenn er im Rampenlicht steht und gleichzeitig den heimlichen Triumph genießt, die Öffentlichkeit bezüglich seiner wahren Absichten und heimlicher Pläne hinters Licht geführt zu haben." Es wäre zynisch, zu sagen: Wer in die Politik will und genug Face hat, muss also keinen Gedanken daran verschwenden, ob er auch die nötige Substanz für eine Karriere mitbringt.

SELBSTERKUNDUNG

Wie schätzen Sie sich selbst ein?

- Sie besitzen beides, Face und Substanz.
- Sie besitzen mehr Face als Substanz.
- Sie besitzen wenig Face, aber viel Substanz.
- Sie besitzen weder Face noch Substanz.

Die Unterscheidung in Face und Substanz diente ursprünglich zur Beschreibung von Politikertypen. Für eine Karriere in der Politik ist eine realistische Beschäftigung mit den Pfunden, mit denen man wuchern kann, unerlässlich. Bei einem Face-Lifting darf der Schein dem Sein nicht zu weit davonlaufen, sonst ist der Kandidat in den Augen der Wähler nicht mehr authentisch.

Auch im beruflichen Bereich kommt es auf die richtige Dosis von Face und Substanz an, und an beiden Karrierebestandteilen lässt sich schrauben.

Klar, dass auch im privaten Bereich die Wirkung auf andere vom äußeren Erscheinungsbild abhängt, von der Ausstrahlung. Etwas ausstrahlen kann nur der, bei dem auch etwas drinnen ist, hinter der Fassade muss Substanz stecken.

Wie sind Sie aufgestellt?

173

Notizen

....

....

....

....

....

....

6.4

Schein und Design

Der weltbekannte Designer *Peter Schmidt* hat ein Händchen für Flaschen. Sein Flakon „Woman Pure" für Jil Sander schaffte es in das Museum of Modern Art in New York und die fränkischen Winzer beglückte er mit einem neugestalteten Bocksbeutel. In einem Interview (2015, S. 51) erzählt *Peter Schmidt* von seiner Begegnung mit *Herbert von Karajan*. Der hatte ihn, den Designer, um einen Besuch gebeten und kam gleich zur Sache: „Er habe das falsche Image. Dieses Problem müsse ich lösen." *Karajan* zeigte *Peter Schmidt* Fotos von sich und sagte: „„Ich habe zu spät umgedacht. Dieser in göttliche Sphären entrückte Geisteskopf, das bin ich nicht, zu viel Pathos. Sie müssen mir helfen, die Kurve zu kriegen. Ich weiß alles über Sie. Sie fahren einen schwarzen Porsche 911 Targa, aber mein Porsche 959 ist schneller. Obwohl ich über achtzig bin, fahre ich auf der Autobahn immer noch Höchstgeschwindigkeit. Das Unschöne ist nur, dass man mich wegen meines kaputten Rückens aus dem Auto rein- und wieder rausheben muss." Am Ende des einstündigen Gesprächs nahm *Peter Schmidt* den Auftrag zur Veränderung des Dirigentendesigns an.

Zur Umsetzung kam es nicht. Der weltberühmte Geisteskopf, dem es so wichtig war, schneller unterwegs zu sein als der weltbekannte Designer, ist mitsamt seinem falschen Image kurz darauf gestorben. Nicht auf der Autobahn, sondern im Bett, in den Armen seiner dritten Frau. Drei Tage später erschien er ihr im Traum, berichtete *Eliette von Karajan* exklusiv in Bild: „Herbert fuhr früh morgens in seinem Porsche aus der Garage. Ich ging zum Fenster und habe gerufen: Herbert, warum nimmst du mich nicht mit? Er hat mich mit seinen blauen Augen angeschaut und geantwortet: ‚Weil du noch so viel zu tun hast'. Dann ist er gefahren."

7

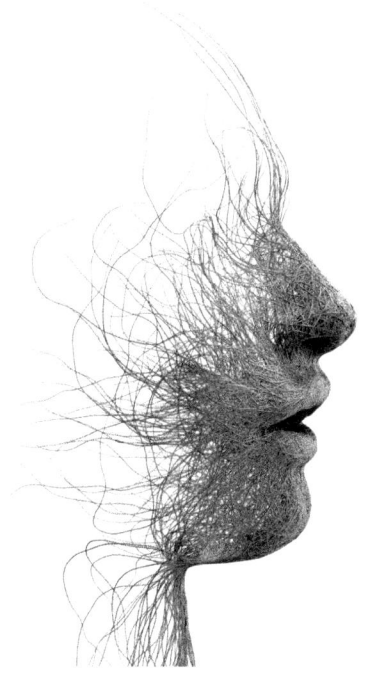

Was halten Sie von sich selbst?

Ich fasse selbst nicht ganz,
was ich bin.

(Augustinus)

Der ungläubige Opa drückte ausnahmsweise die harte Kirchenbank, wie sich das bei der Konfirmation des Enkels gehört, und war von zwei Sprüchen des Pfarrers, die gar nicht für ihn, sondern für die Konfirmanden bestimmt waren, mächtig beeindruckt. Opa Günter hatte seine Zweifel, ob die Botschaft auch bei den Halbwüchsigen angekommen war. Zur Sicherheit verewigte er die beiden Sprüche in seinem Buch mit dem wunderlichen Titel „Vonne Endlichkait". Das war das letzte Buch des bald darauf verstorbenen *Günter Grass*, eine Art Vermächtnis. Möglicherweise hat der Enkelsohn, für den es gedacht war, noch gar nicht hineingeschaut. Dafür stieß *Volker Weidermann* bei seinem berufsbedingen Schmökern auf die beiden Kernbotschaften und konnte sie gleich für seinen Nachruf auf den Literaturnobelpreisträger verwerten (2015, S. 81). Die erste Botschaft lautet „Du bist du!" und die zweite „Tu was!". Wenn Sie sich fragen, was an den beiden schlichten Sprüchen beeindruckend sein soll, darf ich darauf hinweisen, dass sie der Pfarrer in seiner Predigt immerhin Gott in den Mund gelegt hat. Ihr richtiger Sinn entfaltet sich, wenn wir uns von *Volker Weidermann* erklären lassen, was uns Gott, der Pfarrer und Günter Grass zurufen wollten: „Selbstbewusstsein, Stolz auf den, der man ist, mit all seinen Schwächen und Peinlichkeiten, gepaart mit dem Lebensaufruf, dieses eine Leben nicht ungenutzt verstreichen zu lassen. Sondern als Aufgabe anzunehmen. Die wenige Zeit zu nutzen." Mit dieser Auslegung der beiden Losungen liefert uns *Volker Weidermann* nebenbei eine Antwort auf die Frage „Wer bin ich?" und die lautet in meiner Kurzfassung:

„Du bist du, sei stolz auf dich und mach was aus dir!"

Zu kritisieren ist die letzte Aussage des Kritikers: „Die wenige Zeit nutzen." Dies könnte man in den falschen Hals bekommen und sich resigniert fragen, ob es sich überhaupt lohnt, die Zeit zu nutzen, wenn uns so wenig davon bleibt.

Halten wir es lieber mit dem römischen Philosophen *Seneca* und seiner zeitlosen Erkenntnis: „Es ist nicht wenig Zeit, die wir haben, sondern es ist viel Zeit, die wir nicht nützen."

7.1

Du bist du!

Wir wollen keine Zeit verschwenden und ans Ziel unserer gemeinsamen Identitätssuche kommen. Wir haben die Identität aus allen möglichen Perspektiven beleuchtet, beginnend mit der Aufdeckung lächerlicher, lästiger und krimineller Identitätsverrenkungen. Uns ist klar, zu welchen Identitätsverwirrungen es im Laufe der Lebensgeschichte kommen kann und auf welchen existenziellen Säulen unterschiedlicher Stabilität die Identität ruht.

Wir wissen, wie sich die Identität aus den drei Abteilungen Selbstbewusstsein, Geltungsbewusstsein und Sendungsbewusstsein zusammensetzt, also um die Fragen kreist: „Wie sehe ich mich selbst?", „Was gelte ich in den Augen meiner Mitmenschen?" und „Wozu das Ganze?".

Von unserer Ausgangsfrage „Wer bin ich?" wollen wir uns nicht mit der lapidaren Antwort „Ich bin ich!" verabschieden. Die kurze Antwort stimmt, aber wir ergänzen sie um einen entscheidenden Aspekt.

Das „Ich bin ich" zielt auf das Selbstbewusstsein. Dort sitzt der Teil der Identität, den wir uns selbst zuschreiben. Über das Geltungsbewusstsein holen wir uns die von unseren Mitmenschen zugebilligten Identitätsteile, die aber von den wankelmütigen Zuerkennern wieder aberkannt werden können.

179

WAS bin ich? WIE bin ich? WOZU bin ich?

Unsere „wahre" Identität kommt aus unserem Selbstbewusstsein und wird durch das „Wie sehe ich mich selbst?" nicht ganz erfasst. Die ergänzende Frage „Was halte ich von mir selbst?" führt uns zum Selbstwertgefühl, zum wichtigsten Teil unseres Selbstbewusstseins. Dort steckt unsere Identität.

Sie erinnern sich an die beiden Hinweise zum Zusammenhang von Gefühl und Identität (Kapitel 5). *Leon Wieseltier* (1995) erlebt seine Identität als „ein Gefühl wohliger Innerlichkeit", und *Hans Magnus Enzensberger* befindet sich identitätsmäßig in einer konfusen Gefühlslage, wenn er bekennt: „Ich habe oft das Gefühl (brennend, dunkel, undefinierbar usw.), dass das Ich keine Tatsache ist, sondern ein Gefühl, das ich nicht loswerde." Ist der eine, *Leon Wieseltier*, mit sich und seiner Identität gefühlsmäßig im Reinen? Und steht der andere, *Hans Magnus Enzensberger*, mit seiner Identität im Kriegszustand?

7.2
Selbstwertgefühl

Was halte ich von mir selbst? Wie überzeugt bin ich vom Wert meiner eigenen Person? Die Spanne der eigenen Wertschätzung reicht von Selbstzweifeln bis zur Selbstüberschätzung. Bei intaktem Selbstwertgefühl stehen wir in einem freundschaftlichen Verhältnis zu uns selbst, fühlen uns wohl, trauen uns etwas zu und treten selbstsicher auf. Misserfolge oder Kränkungen bringen uns nicht aus dem Gleichgewicht. Wer an sich glaubt, sucht nach Herausforderungen und versetzt Berge. Wer seinen Wert kennt, hat keine Angst vor dem Scheitern, vor Niederlagen, vor Kritik.

Bei schwachem Selbstwertgefühl steht man eher in einem feindschaftlichen Verhältnis zu sich selbst, fühlt sich unwohl und traut sich wenig zu. Ein labiles Selbstwertgefühl hungert nach Bestätigung durch andere. Weil es die nur bei Erfolg gibt, entsteht Angst vor dem Misserfolg. So bestimmt dieses Grundgefühl das Denken und Handeln.

Wie setzt sich unser Selbstwertgefühl zusammen?

1. Erstens besteht das Selbstwertgefühl aus dem emotionalen Selbstwert, der Selbstakzeptanz, ob man sich selbst mag, wie wertvoll man sich als Mensch fühlt. Das ist sozusagen der Kern des Selbstwertgefühls. Diese grundsätzliche gefühlsmäßige Einstellung zu sich selbst strahlt auf die anderen Bereiche aus.

2. Der soziale Selbstwert ist der zweite Bestandteil und bestimmt, wie sicher man sich im zwischenmenschlichen Kontakt fühlt und wie man mit Kritik klarkommt.

3. Dazu kommt drittens der körperbezogene Selbstwert, das heißt, wie wohl man sich in seiner Haut fühlt, für wie attraktiv man sich hält.

4. Viertens gehört zum Selbstwertgefühl der leistungsbezogene Selbstwert. Der setzt sich zusammen aus den Komponenten Selbstvertrauen (wie stark man auf seine Fähigkeiten vertraut) und Selbstwirksamkeit (ob man sich ausgeliefert fühlt oder davon überzeugt ist, etwas bewirken zu können).

WAS bin ich? WIE bin ich? WOZU bin ich?

Wer ein geringes Selbstwertgefühl besitzt, mag sich nicht, ist kontaktunsicher, will nicht im Zentrum der Aufmerksamkeit stehen, hat Angst vor Kritik, fühlt sich unattraktiv und unwohl in seiner Haut, traut sich nichts zu und glaubt, wenig oder nichts ausrichten zu können.

Menschen mit stabilem Selbstwertgefühl gestehen sich zu, dass sie nicht immer alle Erwartungen und Anforderungen erfüllen können und müssen. Sie können sich bei Ablehnung, Versagen, Scheitern schlecht fühlen, aber es wirft sie nicht aus der Bahn.

SELBSTERKUNDUNG

Eine spontane, erste Einschätzung Ihres Selbstwertgefühls:

1. Wie geht es Ihnen mit sich selbst? Mögen Sie sich? Wie wertvoll fühlen Sie sich als Mensch?

2. Wie sicher fühlen Sie sich im Kontakt mit Mitmenschen? Haben Sie Angst vor Kritik?

3. Wie wohl fühlen Sie sich in Ihrer Haut? Wie attraktiv finden Sie sich?

4. Was und wie viel trauen Sie sich zu? Reizen Sie Herausforderungen?

Notizen:

....

....

....

....

....

Was versteht man unter Selbstvertrauen?

Das Selbstvertrauen ist Kopfsache, wird aber durch die gefühlsgeleitete Selbstakzeptanz unterstützt und bei fehlender Selbstakzeptanz beeinträchtigt. Steht mein Selbstvertrauen auf einer positiven Gefühlsbasis, fühle ich mich sicher, kenne meine Stärken, vertraue auf meine Fähigkeiten und bin davon überzeugt, dass ich aufgrund positiver Erfahrungen der Vergangenheit das, was ich mir vorgenommen habe oder was man von mir verlangt, auch hinbekommen werde. Dazu gehört auch die Überzeugung, dass ich mir fehlendes Wissen zulegen und fehlende Fähigkeiten aneignen kann. Fehlt meinem Selbstvertrauen die stabilisierende Gefühlsbasis, fühle ich mich unsicher und habe trotz objektiv vorhandenem Wissen Angst vor dem Scheitern. Das Selbstvertrauen besteht auch aus dem Wissen um seine Grenzen. Zu wissen, was man besser bleiben lässt, bewahrt vor Bauchlandungen.

Was ist Selbstwirksamkeit?

Der Psychologe und Psychotherapeut *Kurt F. Richter* (2010) bevorzugt den gegenüber „Selbstwirksamkeit" sperrigeren, aber zutreffenderen Begriff „Selbstwirksamkeitserwartung". Er listet auf, wie sich Menschen mit hoher und niedriger Ausprägung unterscheiden. Sie können prüfen, zu welcher der beiden Gruppen Sie eher gehören:

SELBSTERKUNDUNG

I. Menschen mit hoher Selbstwirksamkeitserwartung

- fühlen sich leistungsstark,
- reagieren weniger ängstlich,

183

WAS bin ich? WIE bin ich? WOZU bin ich?

- glauben, dass sie etwas bewirken und auch schwierige Situationen bewältigen können,

- sind optimistisch und fühlen sich Anforderungen und Herausforderungen gewachsen,

- bleiben auch in belastenden Situationen gelassen und mildern damit negative Stresseinflüsse,

- verlieren seltener die Hoffnung,

- besitzen ein größeres Durchhaltevermögen,

- trauen sich mehr zu und erreichen dann auch mehr als Menschen mit geringer Selbstwirksamkeitserwartung.

II. Menschen mit einer niedrigen Selbstwirksamkeitserwartung

- sind überzeugt, dass man mit seinen Fähigkeiten und seinem Verhalten nicht viel bewegen kann,

- fühlen sich eher als Opfer, weil sie glauben, das Leben werde vom Schicksal, von anderen Personen oder äußeren Umständen bestimmt,

- geben bei Schwierigkeiten und Problemen schnell auf,

- brauchen viel Zeit und Energie zur Selbststabilisierung,

- trauen sich nichts zu und wagen sich gar nicht an bestimmte Aufgaben und Herausforderungen heran,

- müssen sich selbst viel mehr Mut machen, ehe sie schwierige Aufgaben anpacken.

Notizen:

....

....

....

....

Selbstwirksamkeit trägt zur Stressresistenz bei. Kritische Situationen führen erst dann zu Stress, wenn Gefühle von Hilflosigkeit und Ohnmacht aufkommen, weil man keine Möglichkeit sieht, Einfluss auf das Geschehen zu nehmen. „Von ihrer Selbstwirksamkeit überzeugte Menschen vertrauen auf ihre eigenen Fähigkeiten und Einflussmöglichkeiten. Sie sind dadurch stressresistenter, leistungsfähiger und gesünder als weniger von sich überzeugte Personen", weiß *Ursula Nuber* (2002, S. 23).

Übrigens müssen die Einflussmöglichkeiten gar nicht objektiv vorhanden sein. Für die Stressreduzierung reicht es, wenn wir uns die Bewältigungsmöglichkeiten einbilden, behauptet der amerikanische Soziologe *William I. Thomas* „Wenn Menschen Situationen als real definieren, dann sind diese in ihren Folgen real, weil die Menschen sich gemäß ihrer Definitionen und Deutungen verhalten." Bilde ich mir ein, dass ich das schaffen werde, und wird diese Einbildung durch ein positives Grundgefühl unterstützt, dann hilft eine Art Placebo-Effekt bei der erfolgreichen Bewältigung der Situation.

Wie kommen wir zu unserem Selbstwertgefühl?

Ein stabiles Selbstwertgefühl wächst aus einer sicheren Bindung zu den frühen Bezugspersonen, hauptsächlich zur Mutter. Voraussetzung ist einfühlsame Zuwendung und Wertschätzung, die nicht an Bedingungen geknüpft ist. Das kann man „nicht kontingente Empathie" nennen, und wer diese als Kind erfährt, hat gute Karten, Selbstakzeptanz und ein stabiles Selbstwertgefühl zu entwickeln. Ein desolates Selbstwertgefühl entsteht, wenn ein Kind

185

nicht bedingungslos geliebt wird, wenn ihm die Eltern, sobald ihre Erwartungen nicht erfüllt werden, sofort die Zuneigung entziehen. So ein Kind darf nicht es selbst sein, einen eigenen Wert haben. Es lernt, dass es nur dann etwas wert ist, wenn es den Erwartungen anderer gerecht wird.

Jeder Mensch erwirbt so einen Standardwert an Selbstachtung, der später kaum noch verändert oder entscheidend verbessert werden kann.

Unser Selbstwertgefühl ist eine Art Grundrauschen. Bei Erfolgen und Misserfolgen gibt es kurze Ausschläge nach oben und unten, aber wir pendeln uns bald wieder auf unseren Standardwert ein.

Wie kommen wir hinter unser bewusstes Selbstwertgefühl?

Das Selbstwertgefühl kommt bewusst und unbewusst daher. Ihr bewusstes, explizites Selbstwertgefühl haben Sie auf den letzten Seiten reflektiert. Beim Lesen über die vier Hauptbestandteile (emotionaler, sozialer, körperbezogener, leistungsbezogener Selbstwert) dachten Sie vermutlich an sich selbst und überlegten, ob eher die Beschreibung des geringen oder des stabilen Selbstwertgefühls auf Sie zutrifft. Auch mit Fragebogen lässt sich erfassen, was Menschen von sich selbst halten.

SELBSTERKUNDUNG

Der amerikanische Sozialpsychologe *Morris Rosenberg* lotet unter anderem mit folgenden Aussagen aus, wie es um den persönlichen Selbstwert steht:

- Alles in allem bin ich mit mir selbst zufrieden.

- Hin und wieder denke ich, dass ich gar nichts tauge.

- Ich besitze eine Reihe guter Eigenschaften.

- Ich wünschte, ich könnte vor mir selbst mehr Achtung haben.

- Alles in allem neige ich dazu, mich für einen Versager zu halten.

- Ich besitze die gleichen Fähigkeiten wie die meisten anderen Menschen auch.

- Ich fürchte, es gibt nicht viel, worauf ich stolz sein könnte.

- Ich habe eine positive Einstellung zu mir selbst gefunden.

Notizen:

....

....

....

....

Wie kommen wir hinter unser unbewusstes Selbstwertgefühl?

Dem unbewussten, impliziten Selbstwertgefühl, der spontanen, automatischen Bewertung der eigenen Person, kommen wir nur über Umwege auf die Schliche. *Bärbel Wardetzki* (2014, S. 62) meint, der implizite Selbstwert zeige sich besonders deutlich im zwischenmenschlichen Kontakt, etwa dabei, wie wir auf Lob reagieren.

Wer Lob annehmen kann, hat eher ein gesundes implizites Selbstwertgefühl. Wer Lob ablehnt oder sofort relativiert („Das hätte man noch viel besser hinbekommen können"), tendiert auch unbewusst zur Selbstabwertung.

Vor allem spontane Empfindungen und Reaktionen liefern Hinweise auf implizite Selbstwertmuster. Für

187

unseren Namen können wir nichts. Aber wenn wir ihn uns vorsagen und nachspüren, welche Gefühle das bei uns auslöst, wie gerne wir unseren Namen mögen, sagt das etwas über unsere Selbstakzeptanz. Wer mit sich im Reinen ist, versöhnt sich auch mit einem unschönen Namen. Wer sich nicht mag, mag auch seinen Namen nicht, egal wie schön ihn andere finden. *Bärbel Wardetzki* zeigt weitere Möglichkeiten, wie wir die unbewussten Gefühlseinflüsse auf unser Leben aufdecken können, um Hindernisse in uns abzubauen:

SELBSTERKUNDUNG

- Wie finde ich mich, wenn ich mich beim Vorbeigehen im Schaufenster spiegele?
- Wie reagiere ich auf Fotos oder Videos, die mich zeigen?
- Mag ich meine Stimme, wenn ich eine Aufnahme von mir höre?
- Wie reagiere ich ganz spontan auf eine Herausforderung?
- Wie schätze ich spontan meine Kompetenz im Beruf ein?
- Mag ich meine Handschrift?
- Wie positiv oder negativ schätze ich meinen Gang, meine Haltung, mein Körpergefühl ein?

Notizen:

....

....

....

....

Bewusster und unbewusster Selbstwert können sich entsprechen oder unterscheiden. Problematisch ist eine Diskrepanz. Das zeigt sich deutlich bei Narzissten. Die tragen einen hohen, expliziten Selbstwert vor sich her und leiden innerlich unter einer desolaten Selbstakzeptanz.

Selbstwertgefühl und Selbstsicherheit

Aus der Perspektive des Selbstwertgefühls schauen wir uns die vier Stufen der Selbstsicherheit an:

STUFE 1:   STUFE 2:   STUFE 3:   STUFE 4:
selbstunsicher   selbstkritisch   selbstsicher   selbstüberschätzend

Selbstunsicher

Ein schwaches Selbstwertgefühl ist die Ursache für selbstunsicheres Verhalten im zwischenmenschlichen Kontakt. Selbstunsichere haben Angst vor Kritik. Kritik würde ihr labiles Selbstwertgefühl noch mehr nach unten ziehen. Um sich keiner Kritik aussetzen zu müssen, suchen sie ihr Heil im Perfektionismus, fahren eine Null-Fehler-Strategie. Geben sich keine Blöße, vermeiden jeden Anlass für mögliche Kritik. Geht aber beim Perfektionisten doch etwas schief und wird er kritisiert, ist er am Boden zerstört.

189

WAS bin ich? WIE bin ich? WOZU bin ich?

Selbstkritisch

Die Fähigkeit zur Selbstkritik ist kein Ausdruck von Selbstunsicherheit, sondern ein Zeichen von Selbstsicherheit. Wer sich selbst sicher ist, kann auch selbstkritisch überlegen, ob alles richtig ist, was er tut. Wer selbstkritisch ist, kann auch mit Fremdkritik umgehen, eigenes Verhalten in Frage stellen und wenn nötig ändern.

Selbstsicher

Selbstsicher ist, wer sich selbst sicher ist. Sich selbst sicher ist, wer weiß, wer er ist, und (unter anderem auch deshalb) ein stabiles bewusstes und unbewusstes Selbstwertgefühl besitzt. Am Ende von Kapitel 8 fassen wir zusammen, was es heißt, sich selbst sicher zu sein, mit sich identisch zu sein.

Selbstüberschätzend

Wer mit einem überzogenen Selbstwertgefühl ausgestattet ist, hält sich für ausgesprochen wertvoll, überschätzt sich selbst und geht seinen Mitmenschen auf den Wecker. Wem Eltern bei jeder Kleinigkeit versichern „Das hast du ganz toll gemacht", bekommt möglicherweise zu viel des Guten mit und fühlt sich grandios. Weil aber eine echte Basis für den eigenen Wert fehlt, ist man auch im späteren Leben von äußeren Bestätigungen abhängig und möchte ständig hören „Das hast du aber toll hinbekommen". Wer so unterwegs ist, legt einen übertriebenen Wert auf Selbstdarstellung und Status, weil man ihm dauernd versichern soll, was er für ein toller Hecht ist.

Selbstüberschätzung kommt auch in Form der Arroganz, der Überheblichkeit, daher. Von der Arroganz ist es nicht weit zum Rangmissbrauch, auf den wir bereits im ersten Kapitel gestoßen sind. Warum geht jemand, der übertrieben selbstsicher wirkt, so geringschätzig mit anderen um? Wer sich selbst schätzt, hat es doch nicht nötig, andere gering zu schätzen. Vermutlich ist dem Arroganten sein offen zugängliches, bewusstes Selbstwertgefühl davongelaufen. Seine unbewussten Gefühle für den eigenen Wert sind stehen geblieben, stecken nach wie vor im negativen Bereich und wollen sich durch die Abwertung anderer aufwerten. Der französische Theaterschriftsteller *Edmond Rostand* bringt es auf den Punkt: „Arroganz ist das Selbstbewusstsein des Minderwertigkeitskomplexes."

Selbstwertgefühl und Identität

Die Identität sitzt im Selbstwertgefühl. Wer bin ich? Ich bin das, was mein Selbstwertgefühl hergibt und zulässt. Wie es um mein Selbstwertgefühl steht, hängt entscheidend von meiner Selbstakzeptanz ab, ob und wie ich mich mag, wie wertvoll ich mich als Mensch fühle. Dieses Grundgefühl ist totalitär, es beeinflusst die anderen Selbstwertbestandteile, also wie man sich im zwischenmenschlichen Kontakt fühlt und mit Kritik klarkommt, wie wohl man sich in seiner Haut, in seinem Körper fühlt, wie es um das Selbstvertrauen und die Selbstwirksamkeit steht.

Der junge französische Shootingstar *Edouard Louis* beschreibt mit den ersten Sätzen seines Romans „Das Ende von Eddy" das Drama eines auf die gesamte Identität ausstrahlenden, labilen Selbstwertgefühls: „An meine Kindheit habe ich keine

191

einzige glückliche Erinnerung. Das soll nicht heißen, ich hätte in all den Jahren niemals Glück oder Freude empfunden. Aber das Leiden ist totalitär: Es eliminiert alles, was nicht in sein System passt."

Allerdings wirkt sich nicht nur das Leid totalitär aus, auch die Freude hat eine totale Ausstrahlung und begünstigt alles, was in ihr sonniges System gehört. Wie aber lässt sich eine leidliche Identität freundlich aufhellen?

7.3

Tu was!

Zu Ihrem gesunden Selbstwertgefühl kann man Sie beglückwünschen. Oder man muss Sie dabei unterstützen, wie Sie Ihre Selbstzweifel loswerden und lernen, sich selbst zu akzeptieren, sich selbst ein bisschen mehr zu mögen, auch wenn es Ihnen schwerfällt. Die Psychoszene und die Autoindustrie liefern einen Bauchladen an Möglichkeiten: Denke positiv! Liste deine Erfolge auf, führe ein Erfolgstagebuch! Stelle deine starken Eigenschaften heraus! Mach dich nicht mehr so klein! Lächle dich im Spiegel an! Auch an den segensreichen Beitrag der Automobilindustrie zur Reparatur von Selbstwertschäden durch Höhersitzen (SUV) und Tieferlegen (911) sei erinnert. Leider gibt es ein Problem:

Alle direkten Versuche, das Selbstwertgefühl aufzupäppeln, funktionieren fast nie!

Diese ernüchternde Bilanz zieht *Harriett Brown* (2013) und stützt sich auf die Ergebnisse wichtiger Studien. So hat die Psychologieprofessorin *Joanne Wood* von der kanadischen University of Waterloo die therapeutische Wirkung von Selbstbekräftigungen und Selbstgesprächen untersucht. Sie verglich Menschen mit stabilem Selbstwertgefühl mit solchen, die unter ihrem geringen Selbstwertgefühl litten. Das Ergebnis: Die Selbstsicheren kamen sich nach positiven Selbstgesprächen noch besser vor, aber die Selbstwertschwachen fühlten sich hinterher noch schlechter. Die Begründung: „Weil die Selbstbekräftigungen so extrem vom eigenen negativen Selbstbild abweichen, verdeutlichen sie die Kluft zwischen dem, wie sich die Person fühlt und wie sie gerne wäre, noch mehr. Wer unter einem geringen Selbstwertgefühl leidet, kommt sich nach solchen Übungen erst recht als Versager vor."

Die Psychologin *Jennifer Crocker* von der University of Michigan untersuchte, wie sich Anerkennung, Lob, Komplimente und Erfolge auf das Selbstwertgefühl auswirken. Ergebnis: Erfolge aller Art können das Selbstwertgefühl kurzfristig erhöhen, aber die Wirkung hält nicht an. *Crocker* meint:

Je stärker das Selbstwertgefühl eines Menschen von Anerkennung, Leistung und Erfolg abhängt, desto größer ist auch der Rückschlag, wenn Erfolg und Anerkennung ausbleiben.

Weder Selbstbekräftigungen noch das Streben nach Erfolg und Anerkennung helfen gegen ein geringes Selbstwertgefühl. Jeder Mensch hat seit seiner

Kindheit einen Standardwert an Selbstachtung, der sich kurzfristig aber kaum dauerhaft nach oben korrigieren lässt.

Roy Baumeister, Sozialpsychologe an der Florida State University und Pionier der Selbstwertforschung, war früher überzeugt davon, ein Mangel an Selbstwertgefühl sei die Wurzel vieler persönlicher Probleme und gesellschaftlicher Übel und gehöre dringend repariert. Inzwischen meint er: „Vergesst das Selbstwertgefühl!" Ein geringes lässt sich nicht beseitigen und es wirkt sich auch nicht so negativ auf den schulischen und beruflichen Erfolg aus, wie lange Zeit befürchtet. Ein starkes Selbstwertgefühl führt auch nicht unbedingt zu besseren Ergebnissen im Leben, musste *Baumeister* erkennen, nachdem er seine früheren Forschungen einem harten Realitätstest unterzogen hatte.

Schadensbegrenzung

Du bist du, sei stolz auf dich und mach was aus dir!

Wer nicht stolz auf sich ist, wer sich nicht so recht mag, soll sich falsche Hoffnungen auf große Selbstwertsprünge abschminken und versuchen, negative Folgen zu minimieren, die Zeit zu verringern, in der er sich überflüssige Sorgen macht, grübelt und sich minderwertig und zurückgewiesen fühlt.

Er sollte sich auf etwas Positives fokussieren, negative Gedanken ausblenden und keine Aufmerksamkeit auf eine Nachbesserung des Gefühls der eigenen Wertlosigkeit richten. Das Fokussieren auf Ziele hilft. Wer mit der Realisierung wichtiger Ziele ausgelastet ist, hat keine Zeit zum Grübeln.

Auch das Helfen hilft. Wer Mitmenschen hilft, tut sich selbst etwas Gutes. Helfen fördert die Selbstakzeptanz und lenkt von der unproduktiven Beschäftigung mit eigenen Defiziten ab.

Wer etwas Wertvolles zustande bringt oder anderen einen wertvollen Dienst leistet, empfindet Stolz, fühlt sich als Mensch wertvoll und stabilisiert sein Selbstwertgefühl.

Wer seine Selbstwertprobleme über das Geltungsbewusstsein kompensieren will, ist auf dem Holzweg. Der Psychologe und Psychotherapeut *Rolf Merkle* (2015) nimmt Geltungssüchtigen jede Hoffnung: „Ein gesundes und stabiles Selbstwertgefühl kann nur von innen heraus und unabhängig vom Erreichten kommen. Es ist unabhängig von äußeren Faktoren, wie etwa der Reaktion unserer Mitmenschen. Sich einfach nur wertvoll zu fühlen, ohne etwas dafür zu leisten und ohne seinen Wert ständig unter Beweis zu stellen, das ist bei uns verpönt. Ein Selbstwertgefühl, das jedoch auf Leistung und Äußerlichkeiten beruht, ist ein Pseudo-Selbstwertgefühl, das sehr anfällig ist. Man muss ständig Angst haben, dass einem die Basis (Anerkennung, Erfolg usw.) für das Selbstwertgefühl entzogen wird. Wie ein Süchtiger muss man ständig bangen, ob man genügend Stoff (Erfolg usw.) bekommt." Dass Ruhm keine Selbstwertprobleme heilt, wissen wir von *Eriksons* Tochter (Kapitel 2).

Doris Dörrie weiß, dass der auf äußerer Anerkennung basierende Erfolg nur „ein kurzer Moment des Glücks" ist, der bald wieder verschwindet, dass Erfolg nicht den Kern dessen trifft, was man möchte, nämlich geliebt zu werden. Man soll erkennen,

WAS bin ich? WIE bin ich? WOZU bin ich?

rät *Harriett Brown*, dass der Selbstwert kein Ergebnis von Aufmerksamkeit, Bewunderung, Lob und Respekt ist.

SELBSTERKUNDUNG

Lassen sich Selbstwertprobleme mit einer Therapie lösen? Der amerikanische Psychotherapeut *Irvin Yalom* meint, die Voraussetzung für den Erfolg sei eine positive therapeutische Allianz: „Es kann zu einer entscheidenden innerlichen Verschiebung kommen, wenn Patienten eine wirklich vertrauensvolle Beziehung zum Therapeuten eingehen, alles enthüllen und immer noch akzeptiert und unterstützt werden. Solche Patienten erfahren neue Aspekte ihrer selbst, die zuvor abgelehnt oder verzerrt wurden. Sie beginnen, mehr sich selbst zu schätzen und ihren eigenen Wahrnehmungen zu trauen, statt die anderen überzubewerten. Patienten transformieren die positive Wertschätzung des Therapeuten in persönliches Selbstwertgefühl" (2010, S. 219).

Notizen:

....

....

....

....

....

....

....

....

Irvin Yalom hat nicht nur als Therapeut Erfolgserlebnisse, sondern auch als Bestsellerautor. Er bekommt Fanpost von dankbaren Lesern: „So sehr ich auch versuche, solche Zeichen von Berühmtheit abzuwehren, hat dies sicher mein Selbstwertgefühl gesteigert" (2017, S. 427). Ob nur sein bewusstes oder auch sein unbewusstes, teilt er uns nicht mit.

7.4

Ich bin ich und mag mich!

Von anderen ist für unseren Selbstwert, für unsere Identität, wenig zu holen. Besinnen wir uns auf uns selbst, versuchen wir, uns so zu mögen, wie wir sind. Sagen wir (mit der Psychologin *Astrid Schütz*):

„Ich existiere, also bin ich wertvoll. Ich muss weder übermäßig beliebt sein noch etwas Überragendes leisten noch besonders gut aussehen. Ich bin wertvoll, weil es mich gibt."

8

Wie können Sie an Ihrer Identität arbeiten?

*Ich bin zu der Überzeugung gelangt,
dass das Leben im Grunde
eine Suche nach der eigenen Identität ist.*

(Charles Handy)

Wir haben uns unserer Identität aus unterschiedlichen Richtungen angenähert. Jetzt können Sie die Identitätsarbeit fortsetzen und auf dem Weg zu sich selbst die folgenden Vorschläge ausprobieren und zusätzliche Erkenntnisse gewinnen.

8.1

Schreiben Sie den Roman Ihres Lebens!

Haruki Murakami, den man alle Jahre wieder für den Literaturnobelpreis handelt, wird häufig gefragt, für welchen Typ Leser er schreibt. Seine ehrliche Antwort: „In Wahrheit schreibe ich vor allem für mich selbst" (2016, S. 185 ff.). Für ihn ist Schreiben eine Art Selbsttherapie: „Denn jede kreative Beschäftigung schließt mehr oder weniger das Vorhaben ein, sich zu verändern. Indem man sein Ich relativiert und die eigene Psyche zu anderen Formen in Beziehung setzt, werden verschiedene Widersprüche, Brüche und Zerrbilder, die sich im Laufe eines Lebens unweigerlich eingestellt haben, aufgelöst oder sublimiert. Wenn alles gut geht, teilt man dieses Geschehen mit dem Leser. Es war mir nicht konkret bewusst, aber vielleicht war ich damals (als er sich nachts an den Küchentisch setzte und sein erstes Buch schrieb) intuitiv auf der Suche nach Selbstreinigung und empfand spontan das Bedürfnis zu schreiben."

Auch ich habe dieses Buch nur zur Hälfte für Sie geschrieben. Im Gegensatz zu *Haruki Murakami* (2016) war ich nicht auf der Suche nach Selbstreinigung, mich trieb der Wunsch nach Selbsterkenntnis. Wie weit sind wir bei unserer Suche nach der eigenen Identität gekommen? Ich kann nur für mich eine Schlussbilanz ziehen: Mein Ziel ist erreicht. Ich habe nicht über das geschrieben, was ich kannte, sondern über das, was ich kennenlernen wollte. Jetzt weiß ich einiges über Identität und einiges mehr über meine eigene.

Wie sieht es bei Ihnen aus? Wie weit sind Sie mit Ihrer Selbsterkundung gekommen? Ich habe einen Vorschlag: Sie nehmen dieses halb für Sie geschriebene Buch als Zwischenbilanz und schreiben die andere Hälfte. Schreiben Sie den Roman Ihres Lebens! *Silke Heimes* (2010) hilft Ihnen dabei. Sie hat Medizin und Germanistik studiert, beides kombiniert und das kreative und therapeutische Schreiben entdeckt. Sie meint, ähnlich wie *Haruki Murakami*, durch das Schreiben nimmt man einen tiefen und befriedigenden Kontakt mit sich selbst auf und findet einen Zugang zu seinen inneren Kraftquellen, gewinnt Einsichten in Lebenszusammenhänge, kann Gedanken und Gefühle ordnen, zu seinen Wurzeln finden und sich selbst erkennen. „Viele Menschen setzen sich beim Schreiben zum ersten Mal wirklich mit ihrer Person und Biographie auseinander und erhalten Klarheit über eigene Denk- und Verhaltensmuster." Ein neues Selbstbewusstsein entsteht, wenn man seine Stärken und Schwächen und seine Vorlieben und Abneigungen erkennt und integriert.

SELBSTERKUNDUNG

Ihr Leben als Roman

Für den Roman Ihres Lebens suchen Sie zuerst einen passenden Titel, rät *Silke Heimes*. Es kann ein vorläufiger Arbeitstitel sein, der Ihr aktuelles Lebensgefühl ausdrückt und den Sie jederzeit ändern können. Teilen Sie Ihr Leben in Abschnitte. Nehmen Sie als Raster unsere sechs Lebensphasen von Kapitel 2. Suchen Sie für jede Phase eine passende Überschrift. Achten Sie in jeder Phase auf mögliche Krisen und überlegen Sie beim Schreiben, welche sich bei Ihnen wie ausgewirkt hat, welche Folgewirkungen Sie heute noch wahrnehmen und wie Sie mit künftigen Phasen und Krisen zurechtkommen wollen.

Silke Heimes schlägt vor, man solle sich einen Zeitabschnitt aussuchen, der einem wichtig ist, und sich mit dem eingehender beschäftigen. Dabei können Sie auch die Erkenntnis von *Heinz Bude* berücksichtigen: „Die im Laufe des Lebens gesammelten Erlebnisse summieren sich nicht einfach, sondern organisieren sich immer

WAS bin ich? WIE bin ich? WOZU bin ich?

wieder neu in Bezug auf einen tief verankerten biographischen Ausgangspunkt." Gibt es in Ihrem Leben solche Punkte oder Phasen, positive oder negative, um die Ihre Erinnerungen kreisen?

Biographische Ausgangspunkte sind oft durch äußere Geschehnisse markiert. Oder es gibt bei Ihnen Wendepunkte, die durch innere Impulse ausgelöst wurden. Können Sie sich an einen Tag erinnern, an dem Sie einen dieser besonderen Momente erlebten, von dem Sie sofort wussten, dass er für Ihr Leben wichtig war?

Das muss nicht so romantisch gewesen sein, wie es *Ulrich Matthes* passiert ist, als ihm im Urlaub in Griechenland aufging, dass er sein ungeliebtes Studium der Germanistik und Anglistik hinter sich lassen muss: „Irgendwann hockte ich alleine in einem Olivenhain und guckte auf das Meer. Das war null esoterisch, sondern konzentriertes Leben: Landschaft, Mensch, Meer, Hitze. Überleg dir, was du wirklich willst! Und danach war klar: Ich versuche das mit der Schauspielerei."

Notizen:

....

....

....

....

....

....

....

....

....

8.2

Verfassen Sie Kurzgeschichten!

Sie können auch klein einsteigen, wenn Sie Ihre Identität nicht mit einem großen Lebensroman erkunden wollen:

SELBSTERKUNDUNG

Ihr Leben als Kurzgeschichte

Charakterisieren Sie ihr Leben mit zehn Stichworten, schlägt *Silke Heimes* (2010) vor. Schreiben Sie dazu ganz spontan zehn Schlüsselworte auf, ohne Anspruch auf Vollkommenheit und ohne dass die Worte genau das treffen müssen, was Sie empfinden. „Arbeiten Sie mit den zehn Wörtern, die Ihnen an diesem Tag als erste in den Sinn kommen. Denken Sie daran, dass Sie die Wörter jederzeit streichen und ersetzen oder die Übung wiederholen können. Betrachten Sie eine Minute lang die zehn Wörter, wählen eines davon aus und schreiben Sie einen Text über das, was Ihnen zu diesem Wort einfällt."

Notizen:

....

....

....

....

....

WAS bin ich? WIE bin ich? WOZU bin ich?

Dass wir uns nicht falsch verstehen: Den Roman Ihres Lebens (oder die Kurzgeschichten) sollen Sie nur für sich selbst schreiben. Es sei denn, Sie hocken irgendwann im Olivenhain, gucken aufs Meer und überlegen, was Sie wirklich wollen. Und Ihnen wird klar: Ich versuche das mit der Schriftstellerei.

8.3

Zeichnen Sie Ihr Leben als Fieberkurve!

Diese Übung können Sie eigenständig oder in Kombination mit der vorherigen oder nachfolgenden Aktivität absolvieren:

SELBSTERKUNDUNG

Die Lebenskurve

Nehmen Sie einen großen Papierbogen (ein Flip-Chart-Blatt) im Querformat oder die Rückseite vom Rest einer Tapetenrolle (Raufaser ist zu rau). Zeichnen Sie Ihre Lebenslinie von links nach rechts als eine Art Fieberkurve. Eine waagerechte Grundlinie mit Jahres- oder Zehnjahresabschnitten dient als Basis. Zu den Zeitabschnitten können Sie ergänzend auch die *Erikson*-Phasen markieren. Ab Geburt zeichnen Sie mit Ausschlägen nach oben und unten Ihre Lebenslinie. Sie können auch an einem späteren Zeitpunkt anfangen, etwa beim Eintritt in den Kindergarten oder bei der Einschulung. Wie ist Ihr Leben in den einzelnen Phasen gelaufen? Wann gab es welche Höhen und Tiefen, wann welche wichtigen Lebensereignisse oder gravierenden Lebenseinschnitte? Wo stehen Sie heute?

An Höhen, Tiefen und anderen markanten Lebensereignissen beschreiben Sie die Ereignisse stichwortartig.

Verlängern Sie Ihre Lebenslinie in die Zukunft. Was wäre wenn? Was wünschen und erhoffen Sie sich von neuen Lebensabschnitten? Welche Lebensereignisse werden auf Sie zukommen, können auf Sie zukommen? Welche Herausforderungen werden Sie bewältigen müssen? Welche möglichen Höhen und Tiefen könnten folgen? Welche potenziellen Krisen lauern? Welche Krisen können Sie meistern, indem Sie ihnen zuvorkommen?

Notizen:

....

....

....

....

....

8.4

Seien Sie Sie selbst, alle anderen gibt es schon!

Ob Sie in einer neuen Identität als Schriftstellerin oder Schriftsteller glücklich werden, hängt von einigen Voraussetzungen ab. Zum Beispiel, wie katastrophal Ihre ersten beiden *Erikson*-Phasen

(Kapitel 2) gelaufen sind. „Ich kann keine Autobiographie schreiben, weil mir dazu drei entscheidende Voraussetzungen fehlen: ein tyrannischer Vater, eine traurige Kindheit und Schuljahre voller Qual und Demütigungen", bekennt der erfolgreiche englische Schriftsteller *P. G. Wodehouse*, der folgerichtig nur „Autobiographische Abschweifungen", aber 96 Romane geschrieben hat.

Jetzt aber ernsthaft: Wenn alle anderen schon besetzt sind, wie *Oscar Wilde* meint, was macht dann Ihre Identität aus, was ist Ihr Alleinstellungsmerkmal? Sie erinnern sich an den Rat von *Sue Erikson Bloland* (am Ende von Kapitel 2), wir sollen keine Helden verehren, sondern uns lieber unserer eigenen einzigartigen Eigenschaften und Fähigkeiten bewusst werden und unser eigenes Leben feiern. Vielleicht lässt sich so die Selbstakzeptanz doch positiv beeinflussen, auch wenn es einen Grundwert gibt, der nicht radikal veränderbar ist.

In Kapitel 5 haben wir uns beim Selbstbewusstsein (Wie bin ich?) grob gefragt, wie wir uns von anderen unterscheiden und was uns deshalb selbst ausmacht. Das wollen wir jetzt genau wissen und „grasen" dazu das gesamte Feld unserer Fähigkeiten und Eigenheiten ab. Ein weiterer Rat von *Sue Erikson Bloland* ist, wir sollen, statt Helden zu verehren, uns lieber um eine Sinn erfüllende Arbeit bemühen. Vor allem, wenn wir beruflich unzufrieden sind, weil uns der jetzige Job sinnentleert vorkommt. Nur wenn wir wissen, was in uns steckt, was wir wirklich wollen und wofür wir ein Händchen haben, werden wir das für uns passende Tätigkeitsfeld finden.

Unsere Potenzialrecherche in eigener Sache beschränkt sich nicht auf den Beruf, auch wenn der für die meisten von uns die maßgebliche Identitätsschablone darstellt (siehe Kapitel 3). Wir beziehen auch den privaten Bereich ein. Warum werden Sie von Freunden und Nachbarn geschätzt, wer sucht warum Ihren Rat? Möglicherweise lassen sich private Potenziale beruflich verwerten. Vielleicht besitzen Sie Fähigkeiten, die sich auf ein anderes Gebiet übertragen lassen.

SELBSTERKUNDUNG

SCHATZSUCHE

Fähigkeiten

- Was können Sie gut?

- Körperliche Fähigkeiten: Ausdauer, Kraft, Fingerfertigkeit, Feinmotorik.*)

- Zwischenmenschliche Fähigkeiten: Reden, Präsentieren, Überzeugen, Verkaufen, Beraten, Führen, Trainieren, Moderieren, Konflikte lösen, Helfen.

- Geistige Fähigkeiten: Formulieren, Recherchieren, Analysieren, Planen, Organisieren, Ordnen, Probleme lösen, Improvisieren, Krisen managen.

- Wer kann genau das nicht? Die Beraterin *Uta Glaubitz* (2009, S. 70 f.) sieht die Gefahr, Fähigkeiten als selbstverständlich anzusehen, nur weil man sie besitzt. Sie rät zu folgendem Trick: „Vielleicht notieren Sie unter jede Ihrer Hauptfähigkeiten eine Person, die in dieser Sache ganz schlecht ist. Das schärft Ihr Bewusstsein für Ihre Stärken."

WAS bin ich? WIE bin ich? WOZU bin ich?

Übertragbare Fähigkeiten

Erweitern Sie den Suchraum und forschen Sie in außerberuflichen Bereichen nach Fähigkeiten, die Sie dort erfolgreich einsetzen und die Sie möglicherweise beruflich verwerten könnten:

- Hobby: Haben Sie einen grünen Daumen? Können Sie restaurieren?
- Vereinsaktivitäten: Zeigt sich dort Ihr Organisationstalent? Ihre Teamfähigkeit?
- Privatbereich: Spitzenkoch? Altenpfleger? Erzieherin?

Ausbildungen und Abschlüsse

- Welche Ausbildungen haben Sie absolviert?
- Auf welche Abschlüsse können Sie stolz sein?
- Welche Zertifikate, Ausbildungsbefugnisse, Lehrbefähigungen besitzen Sie?

Gesammelte Erfahrungen

- Welche Erfahrungen haben Sie beruflich und außerberuflich gesammelt?
- Von Ihrer Ausbildung (je nachdem, wie lange das her ist) nutzen Sie im ausgeübten Beruf erfahrungsgemäß noch um die 20 Prozent. Aus welchen durch Learning by Doing gesammelten Erfahrungen bestehen die 80 Prozent, die dafür sorgen, dass Sie Ihren Job gut machen?
- Welches fehlende Wissen haben Sie sich wie zugelegt?
- Welche fehlenden Fähigkeiten haben Sie sich wie angeeignet?
- Wie sieht die Liste Ihrer Erfolge aus?

Wenn Sie sich die letzten drei Fragen ins Bewusstsein rufen, stärkt das nebenbei Ihr Selbstvertrauen und Ihre Selbstwirksamkeitserwartung (siehe Kapitel 7).

Erfahrungen, aus denen Sie klug geworden sind

Sie erinnern sich an den Spruch von *Hans Magnus Enzensberger*: „Triumphe halten keine Lehren bereit, Misserfolge dagegen befördern die Erkenntnis auf mannigfaltige Art."

Welche Misserfolge, Flops, Fehlschläge haben Sie erlebt:

- In der Schule?
- In der Ausbildung, im Studium?
- Im Beruf?
- Im Privatleben?

Werten Sie die Lebensereignisse mit den folgenden Fragen aus:

- Hätten Sie das Problem vermeiden oder entschärfen könne? Wie? Was hat Ihnen dazu gefehlt? Was haben Sie daraus gelernt?
- Welche Erfahrungen würden Ihnen ohne den Schlamassel fehlen?
- Was haben Sie zur Problembewältigung unternommen? Wo haben Sie sich über sich selbst gewundert, weil Sie etwas gewagt hatten, das Sie sich im Normalfall nicht getraut hätten?
- Was raten Sie Leuten, denen das Gleiche passiert?
- Welche Fähigkeiten zur Problemlösung haben Sie aus den Erfahrungen gewonnen?

Stärken, herausgehobenen Eigenschaften und besonderen Talente

- Was zeichnet Sie (neben den Fähigkeiten und Erfahrungen) noch aus?
- Warum sucht wer Ihren Rat?
- In welchen Bereichen sind Sie ein Naturtalent?
- Welche besonderen Begabungen und Talente besitzen Sie?

*) Die Fähigkeiten sind nur beispielhaft aufgelistet und bei Weitem nicht vollständig. Das gilt auch für alle anderen Bereiche. Kramen Sie in Ihrer Schatzkiste und suchen Sie alle Fähigkeiten, Eigenheiten und Stärken, die Sie besitzen.

Notizen:

....

....

....

....

....

....

8.5

Versuchen Sie es durch den Hintereingang!

Erkenntnisse über uns gewinnen wir, wenn wir uns beobachten und hinterfragen, wenn wir uns mit Mitmenschen vergleichen und daraus Rückschlüsse auf uns ziehen und wenn andere uns sagen, wie sie uns sehen und was sie von uns halten.

Zusätzlich zu den drei offensichtlichen Erkenntnisquellen gibt es noch eine Art verdeckte Ermittlung durch den Hintereingang. Wir fragen nicht, wie wir sind, was uns motiviert, was wir drauf haben, sondern suchen nach Episoden, in denen wir gezeigt und bewiesen haben, was uns wirklich Freude macht und was wir tatsächlich beherrschen.

SELBSTERKUNDUNG

Lebensepisoden

Beschreiben Sie zwei oder drei Episoden aus Ihrem beruflichen oder privaten Leben, z. B. aus dem Hobbybereich, bei denen Sie viel Spaß hatten. Sie hatten sich mit etwas beschäftigt, etwas auf die Beine gestellt, bearbeitet, gebaut, gezaubert, gebastelt, organisiert oder erledigt:

- Es hat einen Riesenspaß gemacht.
- Sie haben die Welt um sich herum vergessen.
- Sie haben nicht bemerkt, wie die Zeit vergeht.
- Sie hätten endlos weitermachen können.
- Wenn Sie daran denken, bekommen Sie jetzt noch leuchtende Augen.
- Für so etwas springen Sie morgens jederzeit wieder aus dem Bett.

Erinnern Sie sich jetzt an zwei oder drei Erfolgsgeschichten, bei denen Sie richtig gezeigt haben, was Sie drauf haben, was Sie können, was Sie beherrschen, wo Sie durchblicken:

- Sie haben etwas geleistet und waren wirklich stolz darauf.
- Sie haben etwas auf die Beine gestellt und weder Sie selbst noch andere haben geglaubt, dass Sie das so toll hinbekommen.
- Sie haben Widerstände überwunden.
- Sie wurden gelobt, man hat Ihnen auf die Schulter geklopft.

Es macht nichts, wenn Ihnen nicht so viele Episoden einfallen oder wenn Sie bei bestimmten Tätigkeiten gleichzeitig Spaß und Erfolg hatten und es allen gezeigt haben.

Werten Sie die Spaßgeschichten aus

- Was war das Besondere an dieser Aktivität?
- Was hat Sie da angetrieben?

WAS bin ich? WIE bin ich? WOZU bin ich?

- Warum hat es Ihnen so viel Spaß gemacht?
- Warum hätten Sie endlos weitermachen können?

Werten Sie die Erfolgsgeschichte aus

- Welche Fähigkeiten, Kenntnisse, Fertigkeiten haben Sie eingesetzt, die wesentlich für den Erfolg verantwortlich waren?
- Welche Fähigkeiten haben Ihnen geholfen, Widerstände zu überwinden?
- Was können Sie in solchen Situationen besser als andere Leute?

Aus den Spaßgeschichten ziehen wir Rückschlüsse auf unsere wahren Motive, auf das, was uns wirklich antreibt. Da kommen wir auch ein Stück weit unseren unbewussten Motiven auf die Spur. Wenn Sie einen Job haben, in dem Sie Ihre Motive ausleben können, müssen Sie nicht mehr arbeiten: Es arbeitet Sie!

Die Erkenntnisse aus den Erfolgsgeschichten ergänzen die Liste unserer Fähigkeiten um besondere Stärken und Talente. Zusätzlich kommen wir an Fähigkeiten heran, die wir auf andere Bereiche übertragen können.

Notizen:

....

....

....

....

....

....

....

Auch diese Aktivität können Sie mit sich selbst ausmachen. Ergiebiger wird es, wenn Sie sich über die Einsichten und Ergebnisse mit einer anderen Person austauschen. Das kann ein professioneller Coach sein, aber auch ein Bekannter Ihres Vertrauens oder ein Freund.

8.6
Nutzen Sie andere Menschen als Identitätshelfer!

Sie erinnern sich an die Aussage von *Richard Bolles* (2009, S. 159): „Ich würde meine Fähigkeiten selbst dann nicht erkennen, wenn ich darüber stolpern würde." Auf dieses Problem des blinden Flecks sind wir in Kapitel 5 bei der Frage „Wie bin ich?" gestoßen. In der vorausgehenden Selbsterforschung haben wir versucht, durch den Hintereingang zu Schlüsselmotiven und Schlüsselfähigkeiten vorzudringen. Das wollen wir jetzt durch Rückmeldungen abrunden, die Sie sich von Leuten holen, die Sie gut kennen und einiges über Sie wissen. Sonst beschränken Sie sich bei Ihrer Suche auf das Bild, das Sie von sich haben, und das zeigt Ihnen nur die halbe Wahrheit. Die andere Hälfte bekommen Sie per Fremdbild.

Der beruflicher Entwicklungshelfer *Tim Prell* kennt den begrenzten Blick, den Menschen für ihre eigenen Möglichkeiten haben: „Seine Klienten seien sich oft nur jener Fähigkeiten bewusst, die sie in den vergangenen zwei Jahren genutzt hätten. Aus 30 Stärken, die die meisten nennen können, würden im Laufe des Gesprächs 120. In jedem schlummerten ungeahnte Potenziale" (*Böge*, 2010, S. 66).

SELBSTERKUNDUNG

Rückmeldungen einholen

Sagen Sie doch zu einer für Sie wichtigen Person, zu der Sie in einem freundschaftlichen Verhältnis stehen: „Ich bin gerade bei der Selbsterforschung und da würde mich mal interessieren, was ich deiner Meinung nach besonders gut kann." Wenn Sie sich das nicht trauen, rät Ihnen *Uta Glaubitz* (2009, S. 69) zu folgendem Trick: „Spielen Sie die Situation einfach im Kopf durch. Was würden Ihre Freunde wohl antworten, wenn Sie sie jetzt anriefen?"

Notizen:

....

....

....

....

....

....

....

8.7

Fragen Sie sich selbst aus!

Hier ist eine spielerische Methode zur Selbsterkundung: ein Fragebogen. Der hat Tradition, und es gibt ihn in unterschiedlichen Variationen von *Marcel Proust* bis *Max Frisch*. Bei der Zusammenstellung habe ich mich von den beiden inspirieren lassen, ergänzt durch Fragebogenversionen aus Printmedien und Ratgebern zur Berufsfindung. Viele Prominente durften mit ihren mehr oder weniger originellen (und mehr oder weniger ehrlichen) Antworten in FAZ, SZ und Focus Leser beeindrucken. Wenn Sie jetzt selbst den Fragebogen beantworten, dürfen Sie sich durchaus etwas prominent fühlen. Weil Sie aber niemand beeindrucken müssen, können Sie ehrlich antworten.

Beantworten Sie die Fragen mit mindestens einem Satz. Ihre Antworten dürfen auch umfangreicher sein. Schreiben Sie auf, was Ihnen spontan einfällt. Es gibt kein Richtig oder Falsch, alles was Ihnen durch den Kopf geht, ist es wert, notiert zu werden.

SELBSTERKUNDUNG

DER FRAGEBOGEN

1. Was ist für Sie das vollkommene irdische Glück?

....

....

215

WAS bin ich? WIE bin ich? WOZU bin ich?

2. Was ist für Sie das größte Unglück?

....

....

3. Wie lautet Ihr Lebensmotto, oder gibt es eine Lebensweisheit, die Ihnen gefällt?

....

....

4. Für welche Lieblingsbeschäftigung springen Sie morgens aus dem Bett?

....

....

5. Was war ein Kindheitstraum?

   Was wollten Sie als Kind werden?

....

....

6. Was würden Sie am liebsten tun, wenn Sie völlig frei wären?

....

....

7. Auf welche Leistung sind Sie besonders stolz?

....

....

8. Was würden Sie gerne tun, wenn Sie wüssten, dass es garantiert nicht schiefgehen kann?

....

....

9. Welches Hobby würden Sie intensiver betreiben, wenn Sie viel Zeit dazu hätten?

....

....

10. Welche natürliche Gabe möchten Sie besitzen, welches Talent hätten Sie gern?

....

....

11. Aus welchem Schaden sind Sie klug geworden?

....

....

12. Welches war der größte Misserfolg in Ihrem Leben und was haben Sie daraus gelernt?

....

....

13. Was verabscheuen Sie am meisten?

....

....

WAS bin ich? WIE bin ich? WOZU bin ich?

14. Wozu haben Sie sich überreden lassen und ärgern sich bis heute darüber?

....

....

15. Welche Charaktereigenschaft schätzen Sie bei Ihren Mitmenschen am meisten?

....

....

16. Was sagt man Ihnen nach?

....

....

17. Was gefällt Ihnen an sich besonders?

....

....

18. Was mögen Sie an sich gar nicht?

....

....

19. Was schätzen Ihre Freunde bei Ihnen am meisten?

....

....

20. Welches ist Ihr Hauptcharakterzug?

....

....

Das Frage- und Antwortspiel können Sie mit sich selbst ausmachen und gewinnen dadurch zusätzliche Einsichten in Ihre Motive, Fähigkeiten, Werte und Lebensauffassung.

Ihre Selbsterkenntnis bekommt zusätzliche Impulse, wenn Sie diese Methode mit der vorausgehenden kombinieren, für Sie wichtige Menschen einbeziehen und mit ihnen Ihre Antworten diskutieren.

Oder es gibt jemanden, der Sie gut kennt und den Sie bitten möchten, ob er die Fragen für Sie beantwortet? Dann ergänzt ein Fremdbild Ihr Selbstbild, und der eine oder andere blinde Fleck, den Sie haben, verschwindet.

8.8
Bewahren Sie Ihre Identität vor Übergriffen!

„Was verabscheuen Sie am meisten?" Ihre Antworten auf Frage 13 des Fragebogens könnten möglicherweise so lauten: „Wenn mir jemand zu nahe tritt!", „Wenn man mich von oben herab behandelt!", „Wenn mir jemand zeigt, dass er mich nicht wertschätzt!", „Wenn ich mich nicht ernst genommen fühle!", „Wenn mir jemand nicht zuhört!".

Fällt Ihnen dabei sofort eine bestimmte Person ein, dann haben Sie es mit hoher Wahrscheinlichkeit mit einem Narzissten (siehe Kapitel 1) zu tun. Wer unter Narzissmus leidet, lässt andere leiden. Für die Opfer ist besonders die Überheblichkeit des Narzissten unerträglich, zumal ihm jegliche Selbstkritik fehlt. Ihm kommt auch nicht in den Sinn, dass mit ihm etwas nicht in Ordnung sein könnte (*Wardetzki*, 2017).

Was beim Narzissten aus dem Lot ist, verdeutlicht die folgende Abbildung: Narzissten suchen ständige Aufmerksamkeit und übermäßige Bewunderung, ihr Geltungsbewusstsein hat sich zur Geltungssucht ausgewachsen (1).

Aus Kapitel 7 wissen wir, dass der wichtigste Teil des Selbstbewusstseins, das Selbstwertgefühl, aus zwei Komponenten besteht, einer bewussten und einer unbewussten Komponente. Beim narzisstischen Selbstbewusstsein ist der unbewusste Teil des Selbstwertgefühls desolat und für die innere Selbstunsicherheit verantwortlich (2). Er sorgt kompensatorisch für Selbsterhöhung durch überhebliche Erniedrigung anderer. Der bewusste Teil des Selbstwertgefühls hat sich abgekoppelt und die nach außen gezeigte, aber nicht vorhandene Selbstsicherheit in den Bereich der arroganten Selbstüberschätzung befördert (3), was wiederum überhebliches Verhalten begünstigt.

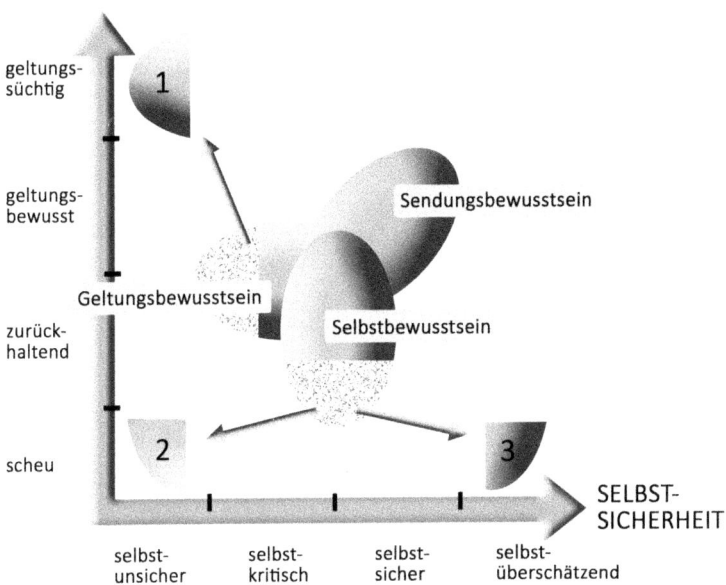

Mit den folgenden Anhaltspunkten (modifiziert nach *Schmidt-Lellek*, 2004, S. 38) können Sie erkennen, ob Sie es mit einem Narzissten zu tun haben und wie er Sie und Ihre Identität bedrängt. Schließlich sollen Sie nicht in die Opferrolle geraten.

SELBSTERKUNDUNG

Anhaltspunkte dafür, dass Sie es mit einem Narzissten zu tun haben

- Der andere ist dauernd auf Sendung und wird unwillig, wenn Sie auch senden wollen.

- Er überrollt Sie.

- Er hört nicht geduldig zu, sondern akzeptiert nur widerwillig, dass Sie auch einmal dran sind.

WAS bin ich? WIE bin ich? WOZU bin ich?

* Der andere definiert Ihre Äußerungen in seinem Sinne um, stellt richtig, was Sie gemeint haben.

* Er „klaut" Ihre Ideen und tut so, als seien es seine Gedanken.

* Er will unter allen Umständen Recht behalten.

* Er belohnt Sie mit Wohlwollen, wenn Sie ihm zustimmen.

* Er wird unangenehm und ausfällig, wenn Sie ihm widersprechen, ihn kritisieren, auf Ihrer Meinung beharren, sich gegen ihn wehren.

Anhaltspunkte, dass ein Narzisst Ihre Identität bedrängt

* Sie erleben ein Ungleichgewicht im Kontakt.

* Sie fühlen sich klein und minderwertig.

* Sie erleben den Kontakt als anstrengend.

* Sie sind nicht spontan, sondern kontrollieren Ihr Verhalten.

* Sie verhalten sich anders als sonst.

* Sie sind nicht Sie selbst, sondern verbiegen sich, um Ihrem Gegenüber zu gefallen, um nicht anzuecken.

* Sie reagieren nicht oder nicht angemessen auf unverschämte oder verletzende Äußerungen des anderen.

* Sie haben das Gefühl, Sie geben sich für den anderen auf.

* Sie spüren, dass Sie das, was Sie tun, eigentlich nicht wollen.

* Wenn Sie wieder alleine sind, spüren Sie die Ablehnung und Abwertung des anderen, fühlen sich schlecht und erschöpft.

Notizen:

....

....

....

Welche Möglichkeiten bleiben Ihnen im Umgang mit einem Narzissten? Gehen Sie ihm möglichst aus dem Weg. Lassen Sie sich auf keine Diskussion mit ihm ein. Arbeiten Sie an Ihrer eigenen Identität und lassen Sie Übergriffversuche selbstbewusst an sich abprallen.

8.9
Vertrauen Sie auf Ihren eigenen Kompass!

Hier ist die Zusammenfassung der Ergebnisse unserer Suche nach Selbsterkenntnis und unserer Identitätsarbeit:

SELBSTERKUNDUNG

ZWÖLF NAVIGATIONSHILFEN

1. Seien Sie sich selbst bewusst

Entdecken Sie sich selbst. Seien Sie sich Ihrer Einzigartigkeit bewusst. Bringen Sie Ihr Potenzial zur Wirkung und sich zur Geltung.

„Ich habe gelernt, Ja zu sagen und in den richtigen Momenten auch Nein. Der einzige Kompass, den ich habe, bin ich selbst." *(Heike Makatsch, Schauspielerin)*

2. Tun Sie, was Sie am besten können

Agieren Sie aus einem starken Selbstbewusstsein heraus. Geben Sie sich eine überzeugende Antwort auf die Wie-bin-ich-Frage. Schöpfen Sie Ihre Ressourcen aus. Wer weiß, was er kann, muss sich nicht angestrengt inszenieren.

WAS bin ich? WIE bin ich? WOZU bin ich?

„Ein Genie ist derjenige, der sich selbst am meisten ähnelt."
(Thelonius Monk, Jazzpianist)

3. Tun Sie, was Sie am liebsten tun

Gewinnen Sie Klarheit über Ihre Motive und lassen Sie sich von Ihren Motiven befeuern. Verbringen Sie möglichst wenig Zeit mit Dingen, die Ihnen wenig bedeuten. Wer sich motivgemäß betätigt, muss sich nicht motivieren, den arbeitet es!

„Nimm ernst, was dir Freude bereitet." *(Charles Eames, Designer)*

4. Kennen und testen Sie Ihre Grenzen

Seien Sie sich klar darüber, wo Ihre Grenzen liegen. Das bewahrt Sie vor Abstürzen und lässt Sie, wenn nötig, nach Hilfe suchen. Testen Sie aber auch Ihre Grenzen, nur so entwickeln Sie sich weiter.

„Wenn du etwas kannst, dann nicht nur deshalb, weil du es geübt hast, sondern auch, weil du es gewagt hast." *(Sten Nadolny, Schriftsteller)*

5. Bestimmen Sie, was genug ist

Definieren Sie für sich, was genug ist. Je mehr man hat, desto größer werden die Ansprüche. Achten Sie auf den Unterschied zwischen Zufriedenheit (die von innen kommt und kein Publikum braucht) und Befriedigung (die wegen ihres suchtartigen Charakters nie eintritt).

„Nur wenn du sagen kannst, was genug ist – an Geld, Macht, Ruhm, was immer – bis du frei, etwas anderes zu tun." *(Charles Handy, Managementphilosoph)*

6. Entziehen Sie sich der Tyrannei des Vergleichs

Vergleichen Sie sich nicht dauernd mit anderen, um sich überlegen oder unterlegen zu fühlen. Feiern Sie lieber Ihr eigenes Leben.

„Ausstrahlung ist, wenn man in der Welt steht und mit dem, wie man ist und was man macht, zufrieden ist. Niemand anderer sein zu wollen – das ist das Geheimnis." *(Fritzi Haberlandt, Schauspielerin)*

7. Bleiben Sie Ihren Werten treu

Seien Sie sich über Ihre Werte klar, dann besitzen Sie einen Steuermann für kritische Entscheidungssituationen und werden nicht zum Spielball anderer. Wer seine Werte kennt und ihnen treu bleibt, verbiegt sich nicht und muss sich später nicht ärgern, auf was er sich eingelassen hat.

„Ein auf Kompromissen beruhendes Leben wird sich am Ende als reine Zeitverschwendung erweisen." *(Charles Handy)*

8. Achten Sie auf Ihre Gefühle

Ihr Bauch ist manchmal klüger als Ihr Kopf. Ein dummes Gefühl blickt oft schneller durch als ein noch so kluger Kopf. Geben Sie anderen einen Vertrauensvorschuss, aber seien Sie wachsam und fallen Sie nicht auf Identitätsgestörte herein.

„Wenn ich in meinen zweiundvierzig Lebensjahren gelernt habe, mich auf etwas zu verlassen, dann sind es meine Gefühle." *(Karl Ove Knausgard, Schriftsteller)*

9. Schätzen Sie Ihr Selbstwertgefühl realistisch ein

Versuchen Sie realistisch einzuschätzen, wie es um Ihr bewusstes und unbewusstes Selbstwertgefühl steht. Machen Sie sich nichts vor. Vermeiden Sie falsche Hoffnungen auf große Selbstwertsprünge. Lassen Sie sich nicht zu fragwürdigen Kompensationsversuchen verleiten. Nutzen Sie die sinnvollen Möglichkeiten, mit Ihrem Selbstwertgefühl klarzukommen.

„Die innere Wertschätzung ist ein Hund." *(Harald Krassnitzer, Schauspieler)*

10. Bringen Sie sich zur Geltung aber vermeiden Sie die entwertende Übertreibung

Machen Sie sich auf dem Jahrmarkt der Eitelkeiten nicht lächerlich. Geltung und Ruhm können ein labiles Selbstwertgefühl nicht heilen. Investieren Sie mehr in Ihr Selbstbewusstsein und weniger in Ihr Geltungsbewusstsein.

„Wenn ich über den Marktplatz gehe, dann wundere ich mich, wie viele Dinge es gibt, derer ich nicht bedarf." *(Sokrates, Philosoph)*

11. Beanspruchen Sie die Toleranz Ihrer Mitmenschen nicht übermäßig

Missbrauchen Sie andere nicht zur Abschöpfung von Aufmerksamkeit und Bewunderung. Machen Sie sich von der wankelmütigen Anerkennung anderer unabhängig. Definieren Sie sich eher über sich als über andere.

„Von allen Torheiten, die man begehen kann, ist das Streben nach Ruhm die dümmste." *(Abbé Pierre, Armenpriester)*

12. Seien Sie selbstsicher und selbstkritisch

Seien Sie sich selbst sicher und behaupten Sie sich selbstsicher. Lassen Sie sich nichts gefallen und wehren Sie sich gegen Rangmissbrauch. Bewahren Sie sich Ihre Fähigkeit zur Selbstkritik. Das bewahrt Sie vor Selbstüberschätzung und andere vor Arroganz.

„Ich glaube, wir unterschätzen oft die Botschaften, die wir über unseren Körper vermitteln. Selbstsicherheit, Unsicherheit, Überheblichkeit, das kann man alles sehen." *(Julian Nida-Rümelin, Philosoph)*

Notizen:

....

....

9

Haben Sie Ihre Identität gefunden?

Wer findet,
hat nicht richtig gesucht.

(Der Schriftsteller Bernhard Setzwein)

Unsere gemeinsame Identitätssuche geht zu Ende. War sie erfolgreich? Hat sich die Auseinandersetzung mit dem Thema Identität für Sie gelohnt? Gab es beim Lesen genug Aha-Erlebnisse? Können Sie Ihre Mitmenschen und sich selbst besser einschätzen? Wissen Sie jetzt, wer Sie sind? Oder blieben zu viele Fragen offen, sind Sie enttäuscht?

Bitte warten Sie mit Ihrer Schlussbilanz, bis Sie meine drei Schlussbemerkungen gelesen haben. Nicht dass ich Angst vor Ihrer Kritik hätte, so schlecht ist mein Selbstwertgefühl dann auch wieder nicht.

9.1

Identität gibt es nur als Gegenteil

Die Identität entzieht sich dem direkten Zugriff, man kommt nur über Probleme an sie heran.

Diesen Defizitcharakter gibt es auch bei anderen wichtigen Bestandteilen des Lebens, die man schwer oder gar nicht greifen kann. Oder können Sie in kurzen Worten beschreiben, was Sie unter Zeit verstehen, was für Sie Gesundheit oder Glück ist? Vermutlich können Sie das jeweilige Gegenteil schnell und treffend in Wort fassen.

Hat doch schon *Seneca* gemeint: „Wie glücklich man an Land war, merkt man erst, wenn das Schiff untergeht."

Die Tennisphilosophin *Andrea Petkovic* pflichtet ihm bei: „Glück existiert doch nur, weil es Unglück gibt."

Dramatischer bringt es der französische Dramatiker und Drehbuchschreiber *Marcel Achard* auf den Punkt: „Glück ist etwas, das man zum ersten Mal wahrnimmt, wenn es sich mit großem Getöse verabschiedet."

Auch ein richtiges Gefühl der Gesundheit erwirbt man, frei nach *Lichtenberg*, nur durch Krankheit.

Was Zeit ist, erleben wir, wenn sie uns davonläuft. *David Eagleman* sagt über die Zeit, sie sei metasensorisch und habe keinen identifizierbaren Punkt der Wahrnehmung.

Das gilt auch für den Kaffee und die Identität. Nur wenn man schlechten Kaffee kennt, weiß man, wie guter schmeckt. Wer von einem Identitätsproblem geplagt wird, hat immerhin eine Anmutung vom nicht identifizierbaren Zustand, der eintritt, wenn das Problem gelöst ist und der Schmerz nachlässt.

Eindringlich fordert uns der Managementguru *Charles Handy* (2007, S. 22) dazu auf, an unseren Defiziten zu arbeiten: „Wir können versuchen, uns offen und aufrichtig mit der eigenen Person auseinanderzusetzen, anstatt vorzugeben, jemand zu sein, der wir nicht sind.

Ich selbst habe viele Jahre lang eine Art Lüge gelebt und genau das versucht: Ich wollte jemand sein, der ich nicht war – zuerst ein extrovertierter biertrinkender Student und anschließend ein hartgesottener Manager einer Erdölgesellschaft –, bis ich entlarvt wurde. Es war eine große Erleichterung für mich, als ich mir endlich erlaubte, ich selbst zu sein, obwohl ich mir gelegentlich immer noch wünsche, ich wäre als jemand ganz anderer geboren worden."

Zum Identitätssucher *Charles Handy* gibt es einen Gegentypen. Der wurde im Interview gefragt: „Können Sie mit dem Begriff Identität etwas anfangen?" Seine Antwort: „Das hat mich nie interessiert. Weil ich bin, wer ich bin. Solche Fragen langweilen mich. Ich bin ein *Schwarzenberg*, das reicht mir" (2014, S. 10). Der gelangweilte Identitätsverächter ist *Karel Johannes Nepomuk Josef Norbert Friedrich Antonius Wratislaw Mena Fürst zu Schwarzenberg, Herzog von Krummau, gefürsteter Graf zu Sulz* und *Landgraf im Kleggau*. Defizite scheinen seine Durchlaucht nicht zu plagen.

9.2

Identität ist eine Reise, kein Ort

Vielleicht tun wir uns bei der Identitätssuche nicht nur schwer, weil wir etwas suchen, von dem es nur das Gegenteil gibt, sondern weil wir einen Pudding an die Wand nageln, etwas Flüchtiges festhalten wollen.

„Identität sei eine Reise, kein Ort", schlägt uns der Erfinder der Langsamkeit vor, der Schriftsteller *Sten Nadolny*.

Wenn *Buddha* meint, alles sei im Fluss, alles sei ein ewiges Werden, dann gilt das auch für die Identität. Die Identität ist kein Ergebnis, das irgendwann abgeschlossen und fertig zu sein hat. Identität ist ein nie endender Prozess. Die Arbeit an der Identität ist eine lebenslange Baustelle.

Der Psychologie-Professor *Werner Greve* (2013) unternimmt unter der Überschrift „Ich bin ich!" eine Reise in die Welt der Identität. Vielleicht hätte er besser „Bin ich ich?" über seinen Artikel geschrieben, stellt er doch gleich am Anfang fest: „Ich bin nicht ich, ich bin viele." Sein Ich setzt sich aus vielen Komponenten zusammen und kommt ziemlich chaotisch daher: „Mein Denken, Fühlen, Handeln wird vielfach unterschiedlich reguliert und ist obendrein nicht immer gut abgestimmt, leider. Wir hören uns Dinge sagen, sehen uns Dinge tun, die wir nicht mögen, wir haben gemischte Gefühle – wir sind oft uneins mit uns selbst." Dies ist der Fall, weil wir viele Zustände sind: „Das, was ich jetzt gerade über mich denke, wird zu einem erheblichen Teil vom Moment bestimmt." Zudem ist unser Selbstbewusstsein nicht nur von kurzfristigen Einflüssen geprägt, wir wandeln uns auch längerfristig erheblich: „Mein Selbstbild hat sich über die Jahre in fast allem, was mir einst wichtig war, verändert. Ich liebe anders, womöglich auch andere als früher, ich weiß nur zu gut, dass ich anders aussehe als vor zwanzig und erst recht als vor vierzig Jahren. Meine Einstellungen, meine Fähigkeiten, meine Neigungen, die ganze Person, in der ich wohne, ist so oft umgebaut worden, hat so viele Ersatzteile eingebaut, dass es schwer wird, noch Originalteile zu finden."

Als Zwischenbilanz dieser Überlegungen erklärt *Greve* die Identität gewissermaßen für scheintot und stellt die Frage, ob man sich das „Ich" vielleicht doch nur als leeren Platzhalter für ein flüchtiges System vorstellen soll, das man nicht greifen kann, weil es äußerst dynamisch ist und sich ständig wandelt. Dann kriegt er die Kurve und stellt fest: „Ich aber bin immer ich, was immer sich an und in mir ändern mag" – und nennt das eine unglaublich starke Gewissheit. Die Identität stützt sich auf ein starkes Gefühl von Kontinuität, auf ein stabiles Selbst: „So sind, näher besehen, Kontinuität und Wandel keine Gegensätze, sondern komplementäre Perspektiven. Wir sind wir, nicht obwohl, sondern weil wir uns dauernd verändern und anpassen." Der Herr Professor hätte auch kurz sagen können: Wir müssen immer wieder aufs Neue herausfinden, wer wir sind.

231

9.3

Identität lässt sich nur suchen, nicht finden

Die berufliche Identität eines ADAC-Pannenhelfers unterscheidet sich vom Dasein eines Philosophen: Der Job des Gelben Engels ist anspruchsvoller und ganzheitlicher, er besteht aus Suchen und Finden. Der Philosoph kommt über das Suchen nicht hinaus, mehr muss bei ihm auch nicht sein. Er darf im Trockenen über Gott und die Welt nachdenken, muss nicht bei Wind und Wetter Autos flottmachen. Auf den Straßen der Welt geht es um Leben und Tod, um Fahren oder Liegenbleiben. Eine Panne bedeutet für den auf freie Fahrt programmierten Bürger einen Freiheitsentzug und stürzt ihn in eine Identitätskrise. Das hinter der Leitplanke wartende Mobilitätsopfer erwartet vom Helden des Standstreifens, er möge die Ursache des Absturzes suchen, finden und beseitigen. Die Erwartungen an einen Philosophen hängen wesentlich niedriger, bekennt der Straßenphilosoph *Wilhelm Schmid* (2016, S. 63): „Und philosophische Gespräche müssen nicht zielführend sein, sie können sich im Kreis bewegen, im Schweigen pausieren, in Ratlosigkeit münden, das ist seit Sokrates so und daran hat sich in zweitausend Jahren nicht viel geändert." Der Engel kann seine gelbe Weste an den Nagel hängen, wenn sein Tun nicht zum Ziel führt, wenn sich seine Bemühungen erfolglos im Kreise drehen, und er sich nach langem, ratlosem Schweigen aus dem Staub macht. Ich bin weder Pannenhelfer noch

Philosoph. Sicher konnte unsere gemeinsame Identitätssuche das Rätsel der Identität nicht komplett lüften und nicht alle Fragen beantworten. Vermutlich habe ich Ihre Ratlosigkeit in Sachen Identität aber auch nicht vergrößert.

Der Schweizer Populärphilosoph *Rolf Dobelli* liefert uns das beste Argument für das Lob des vergeblichen Suchens:

„Wer die Wahrheit sucht und nicht findet, soll dankbar sein für das Nichtfinden. Sonst gäbe es das Suchen nicht. Sonst wäre einfach alles vorhanden und als solches nicht Wahrheit, sondern Banalität."

Gott sei Dank ist es uns nicht gelungen, die ganze Wahrheit über die Identität ans Licht zu bringen.

Wäre es uns gelungen, hätten Sie und ich unsere Zeit mit der Suche nach einer Banalität verschwendet.

Literatur

Bandelow, B. (2006) Interview mit Beate Lakotta und Marianne Wellershoff. Der Spiegel, 11, S. 142–146.

Bock, P. (2005) Rankism. Telepolis Magazin, 26.04., www.heise.de.

Böge, F. (2010) Zurück auf Los. brandeins, 4, S. 65–69.

Bolles, R.N. (2009) Durchstarten zum Traumjob. Frankfurt a. M.: Campus.

Bonelli, R.M. (2014) Perfektionismus. München: Pattloch.

Botton, A. de (2004) StatusAngst. Frankfurt a. M.: S. Fischer.

Bowlby, J. (2014) Bindung als sichere Basis. München: Reinhardt.

Boyle, T.C. (2009). Interview mit Martin Scholz. Frankfurter Rundschau online, 13.02., S. 1–4.

Brown, H. (2013) Das Gefühl für den eigenen Wert. Psychologie heute, 10, S. 20–27.

Dahl, R.E. (2014) Interview mit Christine Brinck. Süddeutsche Zeitung, 08.05.

Doehlemann, M. (1996) Absteiger. Frankfurt a. M.: Suhrkamp.

Eidenschink, K. (2003) Das narzisstisch infizierte Unternehmen. OrganisationsEntwicklung, 1, S. 4–15.

Enzensberger, H.M. (1995) Kiosk. Neue Gedichte. Frankfurt a.M.: Suhrkamp.

Erikson, E.H. (2005) Kindheit und Gesellschaft. Stuttgart: Klett-Cotta.

Erikson Bloland, S. (2007) Im Schatten des Ruhms. Gießen: Psychosozial-Verlag.

Franck, G. (2007) Ökonomie der Aufmerksamkeit. München: dtv.

Frey, B.S. und Frey Marti, C. (2010) Glück. Die Sicht der Ökonomie. Zürich/Chur: Rüegger.

Fuchs, H. und Huber A. (2002) Die 16 Lebensmotive. München: dtv.

Fuller, R.W. (2004) Somebodies und Nobodies. gdi impuls, 4, S. 18–23.

Glaubitz, U. (2009) Der Job, der zu mir passt. Frankfurt a.M.: Campus.

Greve, W. (2013) Ich bin ich! Psychologie heute, 8, S. 30–33.

Grammer, K. (2004) Interview mit Gabriela Herpell, Süddeutsche Zeitung, 04.12., S. VIII.

Gritzmann, E. und Scheck, D. (2015) Solons Vermächtnis. München/Berlin: Berlin Verlag.

Großmann, G. (1975) Sich selbst rationalisieren. München: Ratio.

Gulder, A. (2007) Finde den Job, der dich glücklich macht! Frankfurt a. M.: Campus.

Handy, C. (2007) Ich und andere Nebensächlichkeiten. Berlin: Econ.

Harvey, I. & Katz, C. (1988) Ich habe Erfolg – ich fühle mich schlecht. Landsberg: Verlag moderne Industrie.

Heimes, S. (2010) Schreib es dir von der Seele. Göttingen: Vandenhoeck & Ruprecht.

Hirschmann, A. (2013) Viel Lärm um nichts. Süddeutsche Zeitung, 21.01., S. 14.

Hoffmann, J. (2015) Menschen entschlüsseln. Landsberg: mvg verlag.

Holzhaider, H. (2012) Der Prozess. Süddeutsche Zeitung, 25.02., S. V2/1.

Huffine, C. (2015) Interview mit Michael Neudecker. Süddeutsche Zeitung, 24.01., S. 54.

Identity Foundation (2006) Presseinformation der Identity Foundation Düsseldorf, 07.04.

Kahneman, D. (2012) Schnelles Denken, langsames Denken. München: Siedler.

Kames, H. (2011) Ein Fragebogen zur Erfassung der „Fünf Säulen der Identität". Hückeswagen: FPI-Publikationen.

Kerber, A. (2016) Interview mit Lukas Eberle. Der Spiegel, 6, S. 102–104.

Kister, K. (2008) Geist und Gesicht. Süddeutsche Zeitung, 26.01., S. I (Wochenendbeilage).

Knopf, D. (2011) Narzissmus schützt Heranwachsende. Psychologie heute, 12, S. 14.

Kohtes, P.J. (2005) Dein Job ist es, frei zu sein. Bielefeld: Kamphausen.

WAS bin ich? WIE bin ich? WOZU bin ich?

Leon, D. (2012). dpa-Interview mit Carola Große-Wilde, 23.09.

Maaz, H.-J. (2013) Interview mit Sophie Crocoll und Alexander Hagelüken. Süddeutsche Zeitung, 31.10. , S. 25.

Mangold, I. (2006) Der hässliche Ruhm. Süddeutsche Zeitung, 22.11.

Merkle, R. (2015) So gewinnen Sie mehr Selbstvertrauen. Mannheim: Pal.

Miller, G.F. (2001) Die sexuelle Evolution. Heidelberg: Spektrum Akademischer Verlag.

Müller, A. (2011) „Sie sind ja wirklich eine verdammte Krähe". München: Langen Müller.

Murakami, H. (2016) Von Beruf Schriftsteller. Köln: Dumont.

Nuber, U. (2002) Das schaffe ich schon! Psychologie heute, 2, S. 20–25.

Oldham, J.M. und Morris, L.B. (1992) Ihr Persönlichkeits-Portrait. Hamburg: Kabel.

Pahl, R. (1996) Was kommt nach dem Erfolg? gdi impuls, 4, S. 17–24.

Petkovic, A. (2016) Interview mit Gerald Kleffmann. Süddeutsche Zeitung, 09.01., S. 39.

Petzold, H.G. (Hrsg.) (2012) Identität: Ein Kernthema moderner Psychotherapie. Wiesbaden: VS Verlag.

Peymann, C. (1988) Interview mit André Müller. Die Zeit, 27.05.

Reiss, S. (2009) Wer bin ich und was will ich wirklich. München: Redline.

Richter, K.F. (2010) Coaching als kreativer Prozess. Göttingen: Vandenhoeck & Ruprecht.

Riedl, J. (2011) Die Kunst des Befragens perfektioniert. Zeit online, 12.04.

Röhr, H.-P. (2017) Wie ich meinem Kind zu einem starken Selbstwertgefühl verhelfe. Ostfildern: Patmos.

Rühle, A. (2005) Dralle Gussformen. Süddeutsche Zeitung, 10.05.

Saehrendt, C. und Kittl, S.L. (2011) Alles Bluff!. München: Heyne.

Schmid, W. (1999) Philosophie der Lebenskunst. Frankfurt a. M.: Suhrkamp.

Schmid, W. (2016) Das Leben verstehen. Berlin: Suhrkamp.

Schmidt, P. (2015) Interview mit S. Michaelsen. SZ-Magazin, 50, S. 49–55.

Schmidt-Lellek, C. (2004) Charisma, Macht und Narzissmus. Organisationsberatung, Supervision, Coaching, 1, S. 27–40.

Schmidt-Lellek, C. (2008) Der Umgang von Fach- und Führungskräften mit sich selbst. In: Buer, F. und Schmidt-Lellek, C. Life-Coaching. Göttingen: Vandenhoeck & Ruprecht.

Schmieder, J. (2016) Allen gefallen. Süddeutsche Zeitung, 02.01., S. 36.

Schnell, T. (2014) Interview mit Andreas Huber. Psychologie heute, 2, S. 36–41.

Schreiber, H. (2005) Wenn der Rest des Lebens beginnt. Welt Online, 20.02.

Schwarzenberg, K. (2014) Interview mit Cathrin Kahlweit. Süddeutsche Zeitung, 02.08., S. 10.

Sloterdijk, P. (2014) Interview mit Sven Michaelsen. SZ-Magazin, 07.11., S. 43–57.

Stein, S. (1997) Über das Schreiben. Frankfurt a. M.: Zweitausendeins.

Storch, M. (2011) Das Geheimnis kluger Entscheidungen. München: Piper.

Streich, R.K. (1994) Managerleben. München: Beck.

Wardetzki, B. (2009) Interview mit Frank Thadeusz. Der Spiegel, 46, S. 154–156.

Wardetzki, B. (2014) Souverän und selbstbewusst. München: Kösel.

Wardetzki, B. (2017) Narzisstische Beziehungen – Implikationen für die Therapie. Vortragsmanuskript. Adula Klinik Oberstdorf, 21.10.

Weidermann, V. (2011) Ich will selbst etwas sagen. faz.net, 25.01., S. 1–6.

Weidermann, V. (2015) Ab jetzt ein Kuckuck. Der Spiegel, Chronik 2015, S. 80–81.

Wieseltier, L. (1995) Against Identity: Wider das Identitätsgetue. Die Zeit, 17.02., S. 57–58.

Wirth, H.-J. (2015) Narzissmus und Macht. Gießen: Psychosozial-Verlag.

Yalom, I.D. (2010) In die Sonne schauen. München: btb.

Yalom, I.D. (2017) Wie man wird, was man ist. München: btb.

Zweig, J. (2007) Gier. München: Hanser.

dielus edition
Bücher für ein besseres Leben

Uma Ulrike Reichelt

Schnell & sicher ins Burnout

5 Glücksgesetze, die Sie missachten müssen,
um schnell alt, krank und unglücklich zu werden
ISBN 978-3-9818928-4-0

Sandra Tissot

Du bist umwerfend

Werde dir deiner selbst bewusst
ISBN 978-3-9819383-2-6

Denise Schäricke

Insidertipps Onlinedating

Wie Sie Ihre Chancen, die große Liebe
im Internet zu finden, deutlich erhöhen können
ISBN 978-3-9819383-0-2

Luca Rohleder

Die Liebe empathischer Menschen

Die Gratwanderung zwischen
wahrer Liebe und seelischen Verletzungen
ISBN 978-3-9817975-8-9

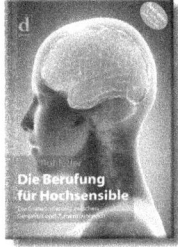

Luca Rohleder

Die Berufung für Hochsensible

Die Gratwanderung zwischen
Genialität und Zusammenbruch
ISBN 978-3-9815711-4-1

Michaela Schubert

Essstörungen – Was ist das?

Das ABC der Magersucht, Ess-Brech-Sucht
und Essanfallstörung
ISBN 978-3-9818928-2-6

Luca Rohleder

Jobsuche in schwierigen Fällen

Mit Bewerbungen im verdeckten Stellenmarkt
Handicaps erfolgreich kompensieren
ISBN 978-3-9818928-0-2

Leila Christiane Jäger, Anette Koestener

Sprich mit deinem ungeborenen Kind

Mit Meditationstechniken erfahren, wie es dem Baby geht
ISBN 978-3-9817975-2-7